SILKE WEINIG
MIT SCHWIERIGEN MENSCHEN KLARKOMMEN

Wirksame Strategien gegen Choleriker, Dauernörgler und andere Nervensägen

humboldt

INHALT

- **Vorwort** 6
- **So arbeiten Sie mit diesem Buch** 8
- **Wie ticken schwierige Zeitgenossen?** 11
  - Eine kleine Charakterkunde 11
  - Sonderbare und exzentrische Persönlichkeiten 13
  - Dramatisch-emotionale Persönlichkeiten 16
  - Ängstliche, abhängige und zwanghafte Persönlichkeiten 22
- **Ab wann ist jemand „schwierig"?** 29
  - Was heißt eigentlich „schwierig"? 29
  - Gelegentlich oder pathologisch schwierig? 30
  - Was treibt die schwierigen Zeitgenossen an? 31
- **Die guten Seiten von Ärger und Wut** 40
  - Anger is an energy! 40
  - Empörung erwünscht! 41
  - Wie man den Ärger zähmen kann 42
  - Wenn Geist und Körper leiden 44
- **Souverän mit Konflikten umgehen** 47
  - Chance oder K(r)ampf? 47
  - Den Konflikt analysieren hilft, ihn zu lösen 48
  - Wie kann man Konflikte lösen? 51
  - Die alltäglichen Nervensägen 57

Erste Hilfe für ein Zusammentreffen mit schwierigen Menschen 59
- So reagieren Sie besser nicht ... 60
- So verhalten Sie sich ... 67
- So schöpfen Sie Kraft nach dem Zusammentreffen ... 85

Stärken Sie sich selbst! 96
- Sich seiner selbst bewusst sein, gibt Sicherheit ... 97
- Selbstreflexion und Selbsterkenntnis ... 99

Werkzeugkasten für die Selbststärkung 105
- Gezielt Kraft tanken ... 106
- Körper und Seele in Balance bringen ... 109
- Konzentrieren Sie sich auf Ihre Stärken! ... 111
- Eigenlob stinkt nicht! ... 113
- Wie Empathie Ihr Leben verbessern kann ... 114
- Stark sein durch Vergebung ... 115
- Wie Dankbarkeit uns innerlich festigt ... 118
- Wie unsere Laune Stimmung macht ... 120
- Gute Gefühle bringen mehr als nur gute Laune ... 123
- Gefühle umschichten durch Focusing ... 126
- Schlechte Gefühle loslassen mit der Sedona-Methode ... 128
- Keine Macht den negativen Glaubenssätzen ... 130
- Mit Genuss stärken ... 135
- Achtsamkeit üben ... 137
- Die eigene Kritikfähigkeit stärken ... 141
- Klar kommunizieren ... 143
- Kleine Tricks mit großer Wirkung ... 147

Wie werde ich, wer ich sein will? — 154

Sich seiner selbst sicher sein 155
Die unbewussten Bedürfnisse analysieren 158
Das Ziel formulieren 161
Eingefahrene Automatismen stoppen und neue etablieren 165
Neues Verhalten planen – Wenn-Dann-Pläne 171

Werden Sie zum Gestalter Ihres Lebens! — 176

Danksagung — 179

Lesetipps und Quellen — 180

VORWORT

Liebe Leserin, lieber Leser,

jeder kennt sie: Menschen, die fast jede Begegnung zum Hürdenlauf werden lassen. Personen, die ständig etwas missverstehen, herumnörgeln, beleidigt sind oder beleidigen. Nach einem Zusammentreffen mit ihnen fühlt man sich ausgelaugt und aufgewühlt – ganz einfach schlecht. Ständig auf der Hut zu sein und einen Eiertanz zu veranstalten, kostet viel Kraft. Immer in Alarmbereitschaft zu sein, weil jederzeit die nächste Attacke kommen kann, ist auf Dauer zermürbend. Schwierige Menschen rauben uns unsere Energie, sie machen uns wütend, hilflos, greifen unser Selbstbewusstsein an. Nach einem Zusammentreffen grübeln wir verärgert oder irritiert darüber nach, was denn hier gerade abgelaufen ist. Bestimmt hatten Sie auch schon einmal den Gedanken, wie schön das Leben ohne diese Nervenfresser wäre! Kraftraubende Menschen zu meiden ist sicher eine gute Lösung, aber oftmals nicht möglich. Was macht man mit Arbeitskollegen, Kunden oder Familienmitgliedern? Wie kann man mit diesen Menschen so umgehen, dass man dabei selbst nicht auf der Strecke bleibt?

Die einen versuchen es mit Vergeltung, wodurch die Situation nur noch schwieriger wird. Andere wollen mit Offenheit und Ehrlichkeit auf den schwierigen Menschen einwirken und ernten zuweilen nur Spott und Feindseligkeit. Wiederum andere halten Schweigen und Ausweichen für eine Lösung, was aber ebenfalls erschöpfend und unbefriedigend ist. In all diesen Fällen geht der Konflikt weiter – die toxische Kraft des Plagegeistes wird nicht gestoppt.

Was also hilft dauerhaft im Umgang mit schwierigen Menschen? Schlagfertigkeit? Ein dickes Fell? Ich denke, alles, was uns innerlich festigt, unterstützt uns. Wenn Sie mit sich im Reinen sind, kann Sie so schnell nichts umwerfen. In diesem Buch geht es daher zum einen darum, wie Sie einem nervigen Zeitgenossen am besten begegnen, wie Sie mit ihm umgehen, auf ihn reagieren. Und zum anderen geht es darum, was Sie darin unterstützt, ein Leben zu führen, das Sie zufrieden und glücklich macht. Denn Zufriedenheit mit sich selbst und seinem Leben ist das stabilste Schutzschild gegen jegliche Form von Attacken.

Ich bin davon überzeugt, dass jeder Mensch über die Werkzeuge und Mittel verfügt, um sich selbst zu helfen. Manchmal sind diese Instrumente aber durch Erziehung, Sozialisierung, verschiedenste Erfahrungen mit Lehrern, Eltern, Freunden und Partnern – kurzum mit der Zeit – verstaubt, verrostet oder wurden verlegt. Es gilt, diese Werkzeuge wiederzufinden und einsatzbereit zu machen! Dafür habe ich dieses Buch geschrieben. Ich möchte Ihnen einen gut gefüllten Werkzeugkoffer an die Hand geben, der Ihnen zum einen zeigt, was Sie konkret im Umgang mit schwierigen Menschen tun können, und zum anderen, wie Sie sich selbst dauerhaft stärken können.

Ich wünsche Ihnen viele Erfolgserlebnisse, viel kraftvolle Energie und gutes Gelingen beim souveränen Umgang mit Ihrem Plagegeist!

Ihre
Silke Weinig
Trainerin, Coach und Bloggerin für cleveres Selbstmanagement
weinig@silkeweinig.com

SO ARBEITEN SIE MIT DIESEM BUCH

Schwierige Menschen und konfliktreiche Beziehungen sind zwar anstrengend, aber sie bergen auch die Chance, sich selbst besser kennenzulernen. Mit diesem Wissen um uns und unsere Bedürfnisse lassen sich Lösungswege finden, die uns zu Stärke, Lebenszufriedenheit und heiterer Gelassenheit führen. Alles Faktoren, die uns nicht nur gegen Nervensägen gut wappnen.

Sie haben in Ihrem privaten Umfeld mit unangenehmen, anstrengenden Menschen zu tun und hatten mit Ihren bisherigen Strategien keinen Erfolg? Sie leiden unter einem vergifteten Betriebsklima, weil ein Kollege oder Ihr Chef schwierig oder unberechenbar ist? In diesem Buch bekommen Sie eine Vielzahl von Instrumenten und Werkzeugen an die Hand, die Ihnen dabei helfen, konfliktreiche Situationen zu entschärfen, Ihr Selbstbewusstsein zu stärken und sich im Kontakt mit schwierigen Menschen selbst zu schützen.

Beim Entwickeln von Lösungen ist es sehr hilfreich zu wissen, mit wem man es zu tun hat. Daher beginne ich dieses Buch mit einer kleinen Charakterkunde, gefolgt von einem Kapitel, in dem ich beschreibe, was die nervigen Personen antreibt und ab wann jemand als schwierig gilt.

Wenngleich es im Allgemeinen heißt, dass man in Konfliktsituationen ruhig bleiben soll, möchte ich im Kapitel „Die guten Seiten von Ärger und Wut" eine Lanze für negative Gefühle brechen. Sie dürfen sich ärgern. Sie dürfen wütend sein und es gibt Momente, da sind Gefühle wie Empörung oder Wut berechtigt und sogar gewünscht!

Inwieweit kann man sich vor Streitigkeiten und Konflikten schützen? Wie kann man verhindern, dass eine Situation eskaliert? Ob in der Begegnung mit schwierigen Zeitgenossen wie auch mit allen anderen Mitmenschen? In machen Konstellationen können selbst die Liebenswürdigsten unter uns kompliziert werden. Daher beschäftigt sich das vierte Kapitel mit Konfliktmanagement.

> Mein Ziel ist, Sie zu stärken! Dafür gibt es eine Vielzahl an Methoden und Instrumenten.

Je mehr Klarheit Sie über belastende Situationen und schwierige Personen gewinnen, desto besser können Sie Pläne entwickeln, wie Sie künftig reagieren möchten. Zunächst braucht es aber vielleicht einen Notfallkoffer für aktuelle Begegnungen – das ist der Sinn und Zweck des Kapitels „Erste Hilfe für ein Zusammentreffen mit schwierigen Menschen". Alle Ideen, Vorschläge und Maßnahmen zielen darauf, Sie für ein Zusammentreffen mit einem schwierigen Zeitgenossen so zu stärken, dass der andere Sie nicht aus der Bahn werfen kann. Und sollte das doch geschehen, zeige ich Ihnen Wege auf, wie Sie sich schnell wieder erholen und sich aus dem Ärger oder Grübeln lösen können.

Dauerhaft ist es die beste Lösung, wenn Sie sich stärken: Ihr Selbstwertgefühl, Ihr Selbstbewusstsein, Ihre Selbstwirksamkeit! Was gibt es Schlimmeres für Ihren Widersacher, als Sie glücklich zu sehen? Und wie soll er Sie umwerfen, wenn Sie innerlich ausbalanciert sind und mit beiden Beinen fest auf der Erde stehen? Wenn Sie seine Schikanen gar nicht mehr wahrnehmen? Oder diese nur mit einem Achselzucken abtun? Darum geht es in Kapitel „Stärken Sie sich selbst".

In Kapitel „Werkzeugkasten für die Selbststärkung" zeige ich Ihnen verschiedenste Ansätze und Möglichkeiten auf, wie Sie sich selbst stärken und Ihre allgemeine Lebenszufriedenheit erhöhen können. Das Großartige an der Selbststärkung ist, dass Sie das im Grunde gar nicht für den Umgang mit Ihrem Quälgeist tun, sondern einzig und alleine für sich selbst! Indem Sie sich selbst stärken, profitieren Sie im doppelten Sinne: Sie erhöhen Ihre Souveränität und Ihre Lebensqualität!

Bei so vielen Ideen, Instrumenten und Methoden ist sicherlich für jeden etwas dabei. Die Frage ist nur, wie verankere ich das künftig in mein Leben? Das Zürcher Ressourcen Modell (ZRM®) und seine Instrumente können Sie darin unterstützen, genau die Eigenschaften und Verhaltensweisen anzunehmen, die Sie sich wünschen. Im Kapitel „Stärken Sie sich selbst" stelle ich Ihnen die Methode und ausgewählte Instrumente daraus vor.

> „Glück ist ein Parfüm, das du nicht auf andere sprühen kannst, ohne selbst ein paar Tropfen abzubekommen."
> (Ralph Waldo Emerson)

Das Gute bei der Selbststärkung ist, dass sie nicht nur Ihnen guttut. Ihre Zufriedenheit wirkt auch wohltuend auf Ihr Umfeld. Vielleicht können Sie damit sogar das anstrengende Verhalten einer nervigen Person in positive Bahnen umlenken? Jedenfalls werden sich alle freundlichen und herzlichen Menschen an Ihnen und Ihrer Zufriedenheit erfreuen. Mit großer Wahrscheinlich zieht das genau die Personen an, die Ihnen guttun!

WIE TICKEN SCHWIERIGE ZEITGENOSSEN?

Jedes menschliche Verhalten hat seine Ursachen. Wenn wir verstehen, was die Gründe für ein Verhalten sein könnten, wird es für uns überhaupt erst möglich, mit schwierigen Zeitgenossen zu leben. Zu wissen, mit wem wir es zu tun haben, kann eine große Hilfe sein, adäquat und souverän zu reagieren.

Eine kleine Charakterkunde

Selbst das Verhalten von irrationalen und schwierigen Menschen ist bis zu einem gewissen Grad vorhersehbar, wenn man ein bisschen über sie weiß. Es ist daher hilfreich herauszufinden, mit welchem Typus man es zu tun hat. Aufbauend auf diesem Wissen lassen sich Strategien entwickeln, was man künftig vor, in und nach dem Zusammentreffen mit einem komplizierten Menschen tun kann.

Im Folgenden stelle ich Ihnen daher einige der häufigsten Formen von schwierigen Verhaltensweisen vor. Zwar treten die Charakterzüge unserer unangenehmen Zeitgenossen selten in Reinform auf, meist treffen wir auf „Mischwesen". Dennoch – wenn Sie das Grundmuster erkannt haben, sind Sie vorgewarnt und können damit beginnen, Strategien für den künftigen Umgang zu entwickeln. So haben Sie zudem die Möglichkeit, souverän emotionale Distanz zu bewahren, damit Sie sich nicht persönlich angegriffen, verletzt, übervorteilt oder ausgenutzt fühlen.

Bei der Einordnung der verschiedenen Typen orientiere ich mich an der „Internationalen statistischen Klassifikation der Krankheiten und verwandter Gesundheitsprobleme" (ICD-10) und dem „Diagnostischen und statistischen Handbuch psychischer Störungen" (DSM). Beide Systeme werden international zur Definition und Diagnose psychischer Erkrankungen angewandt und ermöglichen eine übergreifende Klassifizierung und Beschreibung von psychopathologischen Symptomen.

> Bei schwierigen Menschen sind bestimmte Merkmale der Persönlichkeitsstruktur besonders ausgeprägt.

Warum dieses sehr formale Vorgehen? In diesem Buch geht es doch um schwierige Menschen und nicht um Menschen mit psychischen Erkrankungen.

Ich habe mich für diese Systeme entschieden, da die Auflistung einen guten Überblick darüber gibt, was im Allgemeinen als irritierend, störend oder schwierig empfunden wird. Sie zeigt auch, wie schmal der Grat zwischen schrulliger Macke und behandlungswürdiger Persönlichkeitsstörung manchmal sein kann. Bei schwierigen Menschen sind bestimmte Merkmale der Persönlichkeitsstruktur und des Verhaltens in besonderer Weise ausgeprägt. Selbstverständlich ist nicht jeder psychisch krank, der sich schwierig verhält, aber Schätzungen zufolge erkranken fünf bis zehn Prozent der Bevölkerung in ihrem Leben an einer Persönlichkeitsstörung und in vielen Fällen bleibt diese unbehandelt, weil sie nicht als solche erkannt oder ausreichend ernst genommen wird.

Die verschiedenen Persönlichkeitsstörungen werden in drei Gruppen eingeteilt. Im Folgenden beschreibe ich die typischen Verhaltensweisen im Einzelnen.
- Menschen mit sonderbaren und exzentrischen Verhaltensweisen
- Menschen mit dramatischem, emotionalem und launenhaftem Verhalten
- Menschen mit ängstlichem und vermeidendem Verhalten

Sonderbare und exzentrische Persönlichkeiten

Menschen, die dieser Gruppe zugeordnet werden, wirken affektarm bis gefühlskalt und zeichnen sich durch großes Misstrauen aus. Ihre Stimmung kann schnell in Wut umschlagen, wenn sie sich bedroht oder gekränkt fühlen. Sie scheuen zwischenmenschliche Kontakte und leben eher für sich. Außenstehende erleben diese Menschen als sonderbar und exzentrisch.

Vertraue niemandem – das Böse lauert überall!

Zu dieser Gruppe gehören paranoide Persönlichkeiten, also Menschen, die stark selbstbezogen und überaus misstrauisch sind, die überall Verrat und Feindseligkeiten wittern. Selbst freundliche oder neutrale Verhaltensweisen interpretieren sie als übelwollend oder empfinden sie als gegen sich gerichtet. Solche Menschen reagieren zudem übertrieben empfindlich auf Zurückweisungen und Rückschläge. Dabei sind sie äußerst nachtragend und kaum fähig, ein Urteil, das sie einmal gefällt haben, zu ändern oder gar zu verzeihen. Ganz im Gegenteil: Streitsüchtig und ständig gereizt pochen sie vehement auf ihr Recht. Aufgrund ihrer argwöhnischen und feinseligen Art und da sie niemandem vertrauen, haben sie wenig soziale Kontakte.

Misserfolge können sie schlecht ertragen, die Gründe hierfür schieben sie gerne anderen in die Schuhe. Eines ihrer liebsten Hobbys ist die Beschäftigung mit Verschwörungstheorien, denn damit lässt sich ganz leicht die gesamte Misere ihrer Welt erklären.

Vielleicht haben Sie auch einen Kollegen, der sofort eine Verschwörung vermutet, wenn die anderen ohne ihn in die Kaffeepause gehen, und der seinen Computer auf „Bildschirmschoner" stellt, sobald sich jemand seinem Arbeitsplatz nähert? Der selbst hinter einem achtlos dahingesagten Morgengruß böse Absichten vermutet – dass Sie ihn vielleicht für Ihre Zwecke ausnutzen wollen?

Eigenbrötler und Schweiger

Menschen, die sich ständig in einem Spannungsverhältnis befinden zwischen dem, was sie innerlich erleben, und dem, wie sie sich nach außen verhalten, werden den schizoiden Persönlichkeiten zugeordnet. Am liebsten verbringen sie ihre gesamte Zeit in ihrer Phantasiewelt – sind aber durchaus fähig, die Realität zu erkennen.

> Manche Eigenbrötler leiden unter den mangelnden sozialen Kontakten. Sie können dann depressiv werden.

In der Regel sind sie sehr introvertiert und vermeiden soziale Kontakte. Ihr begrenztes Vermögen, Gefühle auszudrücken und Freude zu zeigen, lässt sie eigenbrötlerisch und verschlossen wirken und macht Interaktionen schwierig. In Gesprächen oder unter Leuten sagen sie nur wenig oder murmeln ein paar Worte. Sie sind das genaue Gegenteil von Vielrednern. Wenn sie überhaupt mehrere Sätze am Stück sagen, äußern sie sich eher allgemein und gehen kaum in die Details.

Wenn Sie solche Menschen zu nehmen wissen, können Sie gut mit ihnen klarkommen. Haben Sie aber Nachsicht, wenn sie auf eine Einladung zum Feierabendbier mit dem Team sehr verhalten reagieren – Treffen mit mehr als drei Personen kommen schon Massenveranstaltungen gleich. Dass Sie einen Eigenbrötler eher nicht in einem Konzert oder beim Public Viewing treffen, ist selbstredend.

Die Diva unter den Exzentrikern

Manche Menschen nehmen wir als extrem exzentrisch und schrullig wahr. Auf der einen Seite sind sie unnahbar und zurückgezogen, auf der anderen Seite legen sie ein eigentümliches Verhalten an den Tag und haben oft bizarre Ideen. Diese haben ihren Ursprung in einer teils stark verzerrten Wahrnehmung ihrer Umwelt, was zu entsprechend verschrobenen Gedanken führt.

Sie grübeln zwanghaft, drücken sich vage und umständlich aus und sind unfähig zu engen persönlichen Beziehungen. Doch im Vergleich zu den vorher beschriebenen Eigenbrötlern sind sie deutlich exzentrischer, ihr Verhaltensdefizit ist tiefgreifender: Sie pendeln irgendwo zwischen aufdringlich und jeden sozialen Kontakt vermeidend hin und her.

Vielleicht kennen Sie jemanden, der auf der einen Seite überaus zurückgezogen arbeitet und vor allem lebt – ja, sich regelrecht verkriecht – und auf der anderen Seite irgendwie „übergeschnappt" wirkt. Sei es, dass er sich skurril kleidet oder überaus laut mit sich selbst in einer eigenwilligen Sprache spricht.

Dramatisch-emotionale Persönlichkeiten

Das auffälligste Merkmal in dieser Gruppe ist, dass die Betroffenen wenig bis kaum ihre Impulse kontrollieren können. Ihr Verhalten ist geprägt von Launenhaftigkeit, von Wut und Jähzorn. Ihre Aggressivität richtet sich nicht nur gegen andere, sondern oft auch gegen sich selbst, was vor allem in ihrem geringen Selbstwertgefühl begründet ist. Auf Kritik oder Zurückweisung reagieren sie mit Wut, sie schämen sich oder fühlen sich gedemütigt.

In Beziehungen – ob freundschaftlich oder in der Liebe – pendeln sie ständig zwischen zwei Extremen: der Idealisierung und der Entwertung des anderen. Sie haben große Schwierigkeiten im Umgang mit Nähe und Distanz.

Die Drama-Queen

Ein theatralischer Mensch wird unabhängig von seinem Geschlecht auch als „Drama-Queen" bezeichnet. Diese Personen nehmen sich sehr wichtig. Sie streben ständig nach Aufmerksamkeit und tun alles dafür, um diese zu bekommen. Sie sind leicht beeinflussbar, manipulieren aber auch sehr gerne. Mit Vorliebe stellen sie sich als Opfer dar, um Mitleid einzufordern.

Die Drama-Queen weiß sich gut zu inszenieren. Bleibt die Aufmerksamkeit aus, wird sie rücksichtslos.

Neben ihren bühnenreifen Shows und der Tendenz, jede Bagatelle zu dramatisieren, zeichnen sie sich auch durch große Selbstbezogenheit, Oberflächlichkeit, labile Stimmungslagen und einem übermäßigen Interesse an körperlicher Attraktivität aus. Sie sind ständig damit beschäftigt, sich zu inszenieren – manchmal mit dramatischen Folgen, wenn die gewünschte Aufmerksamkeit ausbleibt! Impulsiv und rücksichtslos wird um Lob, Bestätigung und Anerkennung gebuhlt.

Gibt es in Ihrem Freundeskreis nicht auch eine solche Diva? Sie steht bei jeder Party im Mittelpunkt, doch wehe, ein anderer stiehlt ihr die Show. Dann ist sie eingeschnappt und wird vielleicht sogar beleidigend. Ein „Nein, ich brauche keine Hilfe" bedeutet das genaue Gegenteil. Wehe dem, der da nicht wie gewünscht reagiert! Mit geringer Frustrationstoleranz ausgestattet und leicht verletzbar, fühlt sich die Drama-Queen sofort auf den Fuß getreten, der sodann zum Tritt gegen Ihr Schienbein ausfährt, selbstverständlich nicht ohne eine große Prise Theatralik.

Ihr ist ihr feindseliges Verhalten jedoch nicht bewusst. Ebenso wenig ihr manchmal sexuell provokantes und unangemessen verführerisches Auftreten. Sie hat nie gelernt, wie sie ihre Wünsche und Bedürfnisse besser – sprich weniger übertrieben emotional und theatralisch – mitteilen könnte.

I am the greatest!

Menschen mit einer ausgeprägten Selbstüberschätzung, einem gesteigerten Verlangen nach Anerkennung, einer überheblichen Anspruchshaltung und einem Mangel an Empathie gehören zu den narzisstischen Persönlichkeiten. Sie lechzen nach Aufmerksamkeit und tun alles, um ihr grandioses Selbstbild zu stärken, weswegen Lügen, das Spinnen von Intrigen und Manipulation zu ihren Lieblingswerkzeugen im Umgang mit anderen gehören.

Narzissten sind außerordentlich interessante, weil ambivalente Persönlichkeiten. Sie können sehr leistungsstark und erfolgreich sein. Redegewandt und oftmals unterhaltsam punkten sie beim ersten Eindruck. Ihr toxisches Verhalten bleibt oft lange Zeit unbemerkt. Dennoch kommt bei jedem irgendwann der Moment, wenn sich der manipulative Nebel an selbstgefälliger Dauerbeweihräucherung lichtet und man feststellt, dass man in die Fänge eines Narzissten geraten ist.

Von einem Narzissten Wertschätzung oder Empathie zu erhoffen, ist sinnlos. Ein klein wenig Aufmerksamkeit in homöopathischer Dosierung bekommt nur derjenige ab, der ihnen huldigt – aber nicht zu viel, denn die volle Dröhnung an Bewunderung braucht der Narzisst für sich selbst.

Menschen, die Narzissten nahestehen, befinden sich in einem ständigen Wechselbad zwischen Charme-Offensive und herablassender Kälte. Auf der einen Seite sind Narzissten besitzergreifend und eifersüchtig. Auf der anderen Seite verweigern sie jegliche Nähe. Erhalten sie nicht die gewünschte Aufmerksamkeit und Anerkennung, neigen sie zu einem nachtragenden bis rachsüchtigen Verhalten.

Vielleicht haben Sie schon einmal einen Menschen erlebt, der auf den ersten Blick sehr charmant und gesellschaftlich erfolgreich erschien, aber dessen charismatische Fassade beim genauen Hinschauen zu bröckeln begann? Der ganz offensichtlich seinen Charme nur einsetzte, um von Ihnen zu profitieren, und der schnell sehr unterkühlt und abweisend war, wenn Sie ihm nicht als nützlich erschienen? Der sich auf der einen Seite als der grandiose Strippenzieher betrachtete, aber auf der anderen Seite jegliche Verantwortung von sich wies, wenn etwas schieflief? Dann waren es immer die anderen – die Neider und Kleinkarierten, die ihm den Triumph nicht gönnten.

Obwohl sie von ihrer Sonderstellung und Wichtigkeit überzeugt sind, nehmen sie schon geringste Kritik als Bedrohung wahr. Hier zeigt sich ihr gestörtes Selbstwertgefühl und die fehlende echte Selbstliebe. Um sich vor weiterer Kritik zu schützen, werden um die als bedrohlich wahrgenommene Person Intrigen gesponnen, die den Narzissten in ein gutes Licht rücken und den anderen abwerten sollen.

Psychopathen – frei von Mitgefühl

Hartnäckig hält sich die Behauptung, dass Menschen mit einer psychopathischen oder dissozialen Persönlichkeit unfähig zur Empathie sind. Das sind sie keinesfalls – ganz im Gegenteil, sie wissen genau, was in anderen vorgeht und können sich sogar einfühlen, aber sie empfinden kein Mitgefühl. Ihr Wissen um die Gefühle der anderen nutzen sie eiskalt, um sie mit oberflächlichem Charme zu täuschen und auszunutzen.

> Psychopathen haben kein Mitgefühl und sind sehr manipulativ.

Diese Menschen können sehr unterhaltsam, witzig und sympathisch sein. Es fällt ihnen leicht, Kontakte zu knüpfen, jedoch sind sie unfähig, dauerhafte Beziehungen zu führen. Sie sind geschickte Manipulatoren und zeichnen sich durch Verantwortungslosigkeit und Missachtung sozialer Normen, Regeln und Verpflichtungen aus.

Oft erleben sie ihre Umwelt als langweilig und öde, weswegen sie mit waghalsigen Aktionen einen Kick suchen. Dabei gefährden sie manchmal sowohl sich selbst wie auch andere. Furcht vor negativen Konsequenzen oder Bestrafung ist ihnen ebenso fremd wie Reue oder Schuldgefühle. Gibt es bei ihren Attacken Opfer, sind diese an ihrem Schicksal selbst schuld.

Kennen Sie auch solche Menschen, die sich nicht an Regeln halten? Sie sind häufig interessant und charismatisch und können andere auch mal zu waghalsigen Aktionen überreden, wie zum Beispiel Drogen auszuprobieren oder angetrunken Auto zu fahren. Wenn dann etwas schiefgeht, weisen sie allerdings alle Schuld von sich.

Ihr fehlendes Schuldbewusstsein, ihre geringe Frustrationstoleranz und ihre mangelnde Fähigkeit, aus negativen Erfahrungen zu lernen, geht einher mit einem oft aggressiven bis hin zu gewalttätigen Verhalten. Daher kommen Menschen dieses Persönlichkeitstyps häufiger mit dem Gesetz in Konflikt als der Durchschnitt.

Sie sind zudem sehr impulsiv. Ihre Bedürfnisse müssen unmittelbar befriedigt werden. Sie verschwenden weder Zeit noch wägen sie die Vor- und Nachteile ab. So können sie sehr heftig auf Kritik reagieren oder ungezügelt andere mit verbalen Attacken vor den Kopf stoßen.

Sprunghaft und impulsiv

Menschen mit einer emotional instabilen Persönlichkeit bei gleichzeitig mangelnder Impulskontrolle neigen zu explosiven und launischen Verhaltensweisen. Plötzlich und unerwartet wird aus dem Impuls heraus gehandelt, wobei keine Rücksicht auf Konsequenzen genommen wird – weder für sich, noch für andere. Der Mangel an Selbstkontrolle zeigt sich auch in der Unfähigkeit, Konflikte auszuhalten oder negative Gefühle wie Ärger, Wut oder Zorn in Schach zu halten. Streitsüchtig gehen sie jeden an, der an ihrer Impulsivität Kritik übt oder gar versucht, klare Grenzen zu setzen.

Eine andere Ausprägung dieser Persönlichkeit ist der Borderline-Typus. Im Gegensatz zum impulsiven Typus ist beim Borderline-Typus das Selbstbild gestört, die Betroffenen sind unsicher gegenüber ihren Zielen und Bedürfnissen (auch sexuellen). Sie spüren ein ständiges Gefühl von Leere, das sie durch intensive, aber unbeständige Beziehungen versuchen zu füllen. Ihre übertriebene Angst, verlassen zu werden, führt zu dramatischen Bemühungen um die andere Person. Beides führt zu großen emotionalen Krisen. Der Borderline-Typus neigt zudem zu einem körperlich selbstschädigenden Verhalten bis hin zu Suizidversuchen.

Möglicherweise haben Sie schon einmal eine Person kennengelernt, die dazu neigte, schnell sehr intensive Gefühle für jemanden zu entwickeln und viel von sich zu erzählen, auch sehr Intimes, sobald ihr Gegenüber das geringste Interesse zeigte. Die den anderen in den Himmel lobte und dann umso enttäuschter, ja nahezu verzweifelt reagierte, wenn derjenige sich nicht ähnlich begeistert ihr gegenüber verhielt – denn das ist ihre Erwartung an die Menschen. In einem solchen Fall wird der Bewunderte sofort extrem abgewertet und der Kontakt abrupt abgebrochen.

Ängstliche, abhängige und zwanghafte Persönlichkeiten

Das auffälligste Merkmal in dieser Gruppe ist, dass die Betroffenen sehr ängstlich, mutlos und übertrieben besorgt sind. Für sie ist alles angsteinflößend, weswegen sie ständig angespannt wirken. Hilflos und ohnmächtig fügen sie sich leicht in die Opferrolle und begeben sich in Abhängigkeiten, durch die sie hoffen, ihre Ängste zu mindern. Dabei leiden sie unter extremen Trennungs- und Verlustängsten. Kritik oder Ablehnung lässt ihre ohnehin unsichere Welt einstürzen.

Durch übertriebene Gewissenhaftigkeit versuchen sie ihre Angst zu kontrollieren. Darüber hinaus sind fehlende Flexibilität und ein passiv-aggressives Verhalten typisch.

Selbstunsicher bis in die Haarspitzen

Wenn alles, was man tut, aus einer übertriebenen Angst heraus geschieht, abgelehnt zu werden, bezeichnet man dies als ängstlich-vermeidendes Verhalten. Diese Menschen sind anderen gegenüber sehr gehemmt und zurückhaltend, da sie von einem ständigen Gefühl begleitet werden, unzulänglich, unbeholfen oder minderwertig zu sein. Selbstunsicher und von Selbstzweifeln geplagt, befinden sie sich in ständiger Alarmbereitschaft und Sorge. Auf Außenstehende wirken sie sehr angespannt.

Da die Betroffenen zum einen überempfindlich auf Zurückweisung und Kritik reagieren und zum anderen ein starkes Bedürfnis nach Sicherheit haben, schränken sie sich in ihrem Leben stark ein, indem sie alle vermeintlichen Gefahrenquellen weit umschiffen. Trotz ihrer Sehnsucht nach Akzeptanz und Zuneigung flüchten sie sich lieber in die soziale Isolation, als Risiken einzugehen. Sie haben nur dann den Mut, sich auf engere Beziehungen einzulassen, wenn sie sich sicher sind, dass der andere sie mag und akzeptiert. Im Gegensatz zu anderen Persönlichkeitsstörungen empfinden sich ängstlich-vermeidende Menschen als problematisch und leiden unter ihrem Verhalten.

Vielleicht haben Sie auch einen Kollegen, der zuverlässig seine Arbeit tut, aber am liebsten für sich bleibt. Sie spüren, dass er sich über Zuwendung freuen würde, aber jeder Annäherungsversuch wird abgeblockt. Obwohl seine Einsamkeit so deutlich ist, wird der Vorschlag, die Mittagspause gemeinsam zu verbringen, abgelehnt. Nur widerwillig und wortkarg lässt er sich auf Gespräche ein, die am besten geschäftlich sein sollten – auf keinen Fall privater Natur, sonst verstummt er vollkommen. Denn am Ende finden Sie noch heraus, wie langweilig und gewöhnlich er ist.

Einige problematische Verhaltensweisen sind ein Ausdruck von Angst.

Klammerer und Nicht-Entscheider

Menschen mit einer abhängigen Persönlichkeit sind unfähig, alleine zu sein und haben eine panische Angst davor, verlassen zu werden. Aufgrund ihrer Trennungs- und Verlustängste klammern sie sich an andere. Ihre eigenen Bedürfnisse ordnen sie denen der Personen, von denen sie sich – unbewusst oder bewusst – abhängig fühlen, unter.

Da sie ständig Angst haben, etwas falsch zu machen und dann Ablehnung, Kritik oder Zurückweisung zu ernten, meiden sie Verantwortung und sind nicht in der Lage, Entscheidungen zu treffen. Zudem mangelt es ihnen an Selbstbewusstsein, weswegen sie sich ständig um Bestätigung und Sicherheit bemühen, indem sie einerseits immerzu Hilfe einfordern und andererseits übermäßig nachgiebig sind.

Obwohl es ihnen an Initiative mangelt und sie in zwischenmenschlichen Beziehungen extrem passiv sind, sind Menschen mit diesen Persönlichkeitsmerkmalen im Familien- und Freundeskreis häufig beliebt, weil sie sehr zuverlässig sind. Dafür muss man allerdings mit der Abhängigkeit des anderen leben. Der Klammerer erwartet zum einen, dass man ihn nonstop bemuttert und bestätigt. Zum anderen wälzt er alle Entscheidungen auf sein Gegenüber ab und reagiert panisch, wenn man sich aus der Umklammerung lösen möchte. Bereits neutrales Verhalten verunsichert ihn, dann werden alle Schutzmechanismen hochgefahren und der abhängige Mensch klammert noch stärker, indem er sich noch unterwürfiger und hilfloser verhält.

Erkennen Sie hier eine Ihrer Freundinnen wieder? Sie macht alles mit, bietet ihre Hilfe immer zuverlässig an und bewegt sich am liebsten im Hintergrund. Fragt man sie nach ihrer Meinung oder nach ihren Wünschen, kann sie nichts dazu sagen. Am liebsten richtet sie sich nach der Meinung von anderen. In Beziehungen überlässt sie fast alle Entscheidungen ihrem Partner: wo sie den Urlaub verbringen wollen, wie die gemeinsame Wohnung eingerichtet werden soll und was sie am Wochenende machen. Aus Angst verlassen zu werden, lässt sie sich oft viel von ihrem Partner gefallen – von abfälligen Bemerkungen in der Öffentlichkeit über Fremdgehen bis hin zu Schlägen.

Bürokraten, Erbsenzähler, Perfektionisten

Menschen mit einer zwanghaften Persönlichkeit sind extrem pedantisch und peinlich genau. Aus Angst vor Fehlern und weil sie ewig nach möglichen Fehler- und Gefahrenquellen Ausschau halten, sind sie übervorsichtig und sehr unflexibel. Typischerweise wollen sie ständig alles kontrollieren, können keine Entscheidungen treffen und befolgen stur Regeln, Normen und Prinzipien. Dabei erwarten sie, dass alle anderen das gefälligst auch zu tun haben.

Im Umgang mit anderen wirken sie kühl und rational. Es fällt ihnen schwer, Gefühle zu zeigen. Zudem haben sie große Schwierigkeiten, mit den Gewohnheiten und Eigenarten anderer Menschen umzugehen – es sei denn, diese befolgen akkurat das gleiche Regelwerk. In der Wirtschaft sind Menschen mit einer zwanghaften Persönlichkeitsstörung gerne gesehen, denn sie sind meist sehr leistungsorientiert, fleißig und gewissenhaft. Jedoch verhindert ihr exzessiver Perfektionismus und ihre unverhältnismäßig intensive Beschäftigung mit Details und Regeln mitunter, dass sie ihr Pensum erfüllen.

Kennen Sie vielleicht auch jemand, der alle Aufgaben pedantisch und überaus gewissenhaft erledigt, und zwar in einer Art und Weise, dass man denkt, dass bereits 80 Prozent seiner Leistungen mehr als genug wären? Der als Chef übervorsichtig alle Ihre Arbeiten kontrolliert und sich dabei mehr mit Komma- und Rechtschreibfehlern aufhält, als das große Ganze zu sehen? Oder Kollegen, die mit ihrer Arbeit selten pünktlich fertig werden, weil alles nochmals akribisch überprüft werden muss?

Alles ist schlecht!

Passiv-aggressive Persönlichkeiten haben typischerweise eine umfassende negative Sichtweise und Haltung. Ihre Welt ist nicht schwarz-weiß, sondern schwarz-tiefgrau, um nicht zu sagen schwarz-schwarz. Sie lehnen jegliche Anregungen, Empfehlungen oder Vorschläge für mögliche Verbesserungen ab – jedoch ist ihr Widerstand passiv. Statt etwas zu kritisieren oder zu rebellieren, wird einfach nichts gemacht. Das gilt auch für jegliche Anforderungen, sei es im Beruf oder im Privatleben. Häufig stimmen sie Anforderungen zunächst zu, tun dann aber nichts und verhindern so, dass die Aufgabe erfüllt wird. Sie fühlen sich dann schnell ungerecht behandelt und klagen darüber, unverhältnismäßig stark in die Pflicht genommen zu werden.

> Passiv-aggressive Menschen haben eine negative Grundeinstellung und bringen ihre Frustration indirekt zum Ausdruck.

Bestimmt ist Ihnen schon mal jemand begegnet, der zwar zusagte, etwas zu machen, es aber dann nicht tat. Oder ein jugendlicher Schulschwänzer, der nach dem x-ten Verweis beteuert, wieder in die Schule zu gehen, um bei der nächsten Gelegenheit wieder dem Unterricht fernzubleiben. Wird dieser dann verwarnt oder muss bestimmte Auflagen, wie Sozialstunden, erfüllen, fühlt er sich unverhältnismäßig stark gemaßregelt.

TYPISCHE NERVENSÄGEN

Wie gesagt, sind bei schwierigen Menschen bestimmte Merkmale der Persönlichkeitsstruktur und des Verhaltens in besonderer Weise ausgeprägt. Wenn wir ihnen im Alltag begegnen, haben wir für die verschiedenen Typen an Nervensägen griffige Bezeichnungen.

Querulanten und Dauernörgler, denen man nichts recht machen kann und die einem Gemeinheiten unterstellen, die hanebüchen sind

Choleriker, die bei kleinsten Lappalien explodieren und sich dabei gerne in Ton und Wort vergreifen

Paranoiker mit einem ausgeprägten Misstrauen und einem Hang zu Verschwörungstheorien

Eigenbrötler, die sich am liebsten in ihre Welt zurückzuziehen und nicht den geringsten zwischenmenschlichen Kontakt zu brauchen scheinen

Egozentriker und Egoisten, deren penetrante Selbstbezogenheit schwer zu ertragen ist, die keinen Kompromiss kennen und nach deren Pfeife man zu tanzen hat

Faulpelze, die wissen, wie man nicht an Überarbeitung stirbt, sondern andere geschickt auf Trab hält – am besten mit den Aufgaben, die eigentlich für sie selbst bestimmt waren

Narzissten, die sich immer in den Mittelpunkt drängen und sich für die genialste Person auf Erden halten, der man zu huldigen hat

Besserwisser und Prof. Dr. Oberschlau, die einen bei jeder Gelegenheit korrigieren und immer Recht haben wollen

Erbsenzähler, die gut für das Regeln von finanziellen Angelegenheiten sind, deren Paragrafenreiterei jedoch in den Wahnsinn treiben kann

Perfektionisten, denen nichts gut genug ist und die ständig auf der Suche nach Fehlern und Risiken sind

Psychopathen, die einen zunächst charmant ausnehmen wie eine Weihnachtsgans und dann lieblos in den Müll werfen, wenn sie genug haben; die auch gerne zu Lügen und unlauteren Mitteln greifen, um ihre Interessen durchzusetzen

Sturköpfe, die nur eine Sache kennen – die ihre! Und die hat jeder zu befolgen, denn sie ist die einzige wahre und richtige. Darauf beharren sie – wenn es sein muss, bis zum bitteren Ende

Jammerlappen, die vor lauter Leiden selbst in den schönsten Momenten nicht zu leben wissen und dann todtraurig ihre vielen „Hätte-ich-doch-nur" bejammern.

▶

Klammeraffen, die sich am liebsten an andern festsaugen würden und sich eine Verschmelzung wünschen, durch die der andere dann alles zu entscheiden und zu verantworten hat

Energieräuber, die anderen ihre Lebensenergie aussaugen, entweder indem sie andere kleinmachen, bis sie nicht mehr da sind, oder alles auf andere abwälzen

Diven, die durch schrulliges Verhalten, ein Höchstmaß an Exzentrik oder skurrile Verhaltensweisen die komplette Aufmerksamkeit einfordern

Drama-Queens, die im ständigen Wechselbad der Gefühle zwischen himmelhochjauchzend und zu Tode betrübt die Nerven auf Probe stellen

Tratschtanten, vor denen kein Geheimnis sicher ist, das vielleicht auch noch gut ausgeschmückt wird, damit ihnen die Bühne und die Aufmerksamkeit ihrer Zuhörer sicher ist

Mimosen, die hypersensibel schnell zuschnappen – manchmal schon bevor man etwas gesagt hat; da kann schon ein Blick reichen

Langweilige Vielredner, die reden und reden und sich nur hin und wieder durch Schnappatmung unterbrechen – ob der andere zuhört oder schon vor Stunden geistig abgeschaltet hat, merken sie gar nicht

Pessimisten und Schwarzseher, die gerne ihre passiv-aggressive oder neurotische Haltung durch Zynismus, Ironie und vermeintlich schwarzen Humor tarnen

Neurotiker, oder Woody Allen lässt grüßen! Menschen, die unsicher bis in die Haarspitzen sind und oftmals vor lauter Unsicherheit die echt wichtigen Punkte im Leben zerreden

Grübler, deren Fahrt im Gedankenkarussell nie endet und die immer wieder mit einem „Ja, aber…" ihr (Dauer-)Thema von Neuem beginnen, sobald eine Lösung in Sicht kommt

AB WANN IST JEMAND „SCHWIERIG"?

Gibt es schwierige Menschen? Oder gibt es nur schwieriges Verhalten? Ab wann empfinden wir einen anderen Menschen als anstrengend und schwierig? Und wie kommt es dazu, dass Menschen sich so verhalten? Damit befassen wir uns in diesem Kapitel.

Was heißt eigentlich „schwierig"?

„Die Hölle, das sind die anderen", wusste schon Jean-Paul Sartre zu sagen. So verwundert das Ergebnis einer Studie des US-amerikanischen Psychologen Todd Kashdan wenig, der herausfand, dass in 63,3 Prozent aller Fälle andere Menschen die Hauptquelle für Ärger und Wut sind.

Im Wörterbuch wird „schwierig" im Zusammenhang mit Menschen so erklärt, dass diese kompliziert und unangenehm sind. Das Gegenteil hierzu sind umgängliche Menschen, mit denen leicht auszukommen ist. Inwiefern kann man aber überhaupt von stabilen Charaktereigenschaften sprechen? Und wann verwässern subjektive Ansichten unsere Wahrnehmungen? Was macht Persönlichkeit aus?

Beschäftigt man sich mit der Frage, was Persönlichkeit ist und welche Merkmale einen Charakter ausmachen, zeigt sich schnell, wie komplex dieses Thema ist. Im Zentrum der Forschung steht zum einen, welche Persönlichkeitsmerkmale es überhaupt gibt und wie sich diese voneinander unterscheiden. Zum anderen, ab wann bestimmte Persönlichkeitseigenschaften nicht mehr als „normal" gelten.

Allein schon die Definition, ab wann ein Verhalten als gestört eingestuft wird, bietet genügend Diskussionsstoff, so sucht die Wissenschaft nach objektiven Kriterien. Diese sind zum Beispiel, wie bestimmte Persönlichkeitsmerkmale in Beziehung zu anderen ausgelebt und wahrgenommen werden. Oder inwieweit das zukünftige Verhalten von einer Person eingeschätzt werden kann und welche Bedeutung das hat. Ein weiteres Forschungsfeld ist Stabilität oder Veränderung von Persönlichkeitseigenschaften.

Gelegentlich oder pathologisch schwierig?

Alle Wesenszüge, deren Ausprägung eine gewisse Stabilität aufzeigen, machen unsere Persönlichkeit aus. Sofern man nur hin und wieder mal morgens schlecht gelaunt ist, kann man nicht von Übellaunigkeit als feste Persönlichkeitseigenschaft sprechen, da es sich hier nicht um eine persönliche Grundstimmung handelt. Zudem kennen wir alle sicherlich Momente, in denen wir unpassend reagiert haben, was bei anderen zu Verwunderung und Irritation führte. Etwas ist uns misslungen und wir reagieren unangemessen traurig, wütend oder beschämt. Jemand kritisiert uns und wir flippen aus. Oder wir bleiben emotional vollkommen unberührt in einer Situation, in der Mitgefühl und Betroffenheit angebracht wären. Solche einzelnen Reaktionen sind jedoch kein Anzeichen von seelischer Instabilität, sie machen nicht den Charakter aus.

Schwieriges Verhalten hingegen zeichnet sich dadurch aus, dass die Gedanken, Wahrnehmungen, Gefühle und Verhaltensweisen deutlich von dem abweichen, was gesellschaftlich akzeptiert ist. Lässt sich ein irritierendes Verhalten nicht durch aktuelle Umstände, wie zum Beispiel eine Krise, erklären, sondern ist die Person konstant feindselig, verängstigt oder dramatisch-emotional, kann man von einer stabilen Charaktereigenschaft sprechen. Als pathologisch gelten emotionale Fehlreaktionen dann, wenn sie sich ständig wiederholen. Wenn man sich quasi ganz im Bann dieser Verhaltensweisen befindet und kein Raum mehr für andere Wahrnehmungen und Gefühle existiert. Das gilt umso mehr, wenn der Betroffene unfähig ist, diese Verhaltensweise zu ändern – selbst dann nicht, wenn er einsieht, dass sein Verhalten unpassend ist.

> Als pathologisch, also krankhaft, gelten emotionale Fehlreaktionen dann, wenn sie sich ständig wiederholen.

Warum sind diese Menschen so? Was treibt sie an? Können sie ihre Gefühle vielleicht nicht spüren oder wissen sie diese nicht einzuordnen?

Was treibt die schwierigen Zeitgenossen an?

Es gibt keine einheitliche Erklärung für die Ursachen oder die Entstehung von schwierigem Verhalten oder von Persönlichkeitsstörungen. Die Entwicklung unserer Persönlichkeit ist das Ergebnis komplexer Wechselwirkungen aus genetischer Veranlagung, Erziehung und Umwelteinflüssen. Neben einem angeborenen Grundmuster werden wir durch Erlebnisse und Erinnerungen geformt, die in unserem bewussten Verstand wie auch in unserem Unbewussten gespeichert werden. Der Input, den wir bekommen, kann zu positiven wie auch zu negativen Verstärkungen führen, was Auswirkungen auf unser Verhalten hat. So zeigen Studien, dass Menschen in stabilen Beziehungen weniger neurotisch sind und dass man unter Stress eher emotional instabil ist.

Genetische Ursachen

Schwieriges Verhalten und Persönlichkeitsstörungen können genetische Ursachen haben. Manche Menschen sind genetisch bedingt empfindlicher, ängstlicher oder reizbarer als andere. Studien lassen zum Beispiel die Vermutung zu, dass das Risiko für eine dissoziale Persönlichkeitsstörung teilweise vererbt wird. Unter einer solchen Störung leiden beispielsweise Psychopathen. In Untersuchungen mit eineiigen Zwillingspaaren stellten Wissenschaftler fest, dass bei diesen häufiger bei beiden Geschwistern eine dissoziale Persönlichkeitsstörung auftrat als bei zweieiigen Zwillingen.

Psychologen um Stefan Röpke von der Charité Berlin untersuchten die Dicke der Großhirnrinde von 34 Probanden, von denen die Hälfte unter einer diagnostizierten narzisstischen Persönlichkeitsstörung litt. In der Großhirnrinde werden verschiedenste Reize verarbeitet, auch Schmerzen. Sie ist zudem verantwortlich für Mitgefühl. Mithilfe eines Magnetresonanztomografen (MRT) konnten die Wissenschaftler feststellen, dass bei Narzissten diese Region deutlich dünner ist, was neurobiologisch deren Mangel an Empathie mitbegründet.

> Hirnerkrankungen wie Tumore oder Schlaganfälle können die Persönlichkeit verändern.

Alkohol und Drogen

Der Konsum von Alkohol und Drogen beeinflusst unser Verhalten maßgeblich. Zum einen haben wir unter einem solchen Einfluss unsere Impulse weniger bis gar nicht unter Kontrolle. Zum anderen ist Sucht eine der häufigsten Bewältigungsformen bei Angst, da damit ihre Symptome wie auch Gefühle von innerer Leere unterdrückt werden.

Unter dem Einfluss von Alkohol oder Drogen verhalten sich Menschen anders, als wenn sie nüchtern sind. Das muss nicht immer negativ oder gefährlich sein, doch bei Menschen mit einer sowieso schon niedrigen moralischen Identität wirken Drogen jeder Art meist negativ verstärkend. Kommt noch das schlechte Gewissen hinzu, der zuweilen existierende starke Selbsthass oder das schwer auszuhaltende Leiden beim Entzug, kann das zu schwierigen Verhaltensweisen führen.

Spurensuche in der Kindheit

Unsere Erfahrungen aus der Kindheit haben eine prägende Wirkung auf unsere spätere Gesundheit, unsere Beziehungsfähigkeit und unsere Stressresistenz. Störungen in der kindlichen Entwicklung, wie ein ungünstiges soziales Umfeld oder traumatische Erlebnisse, können die Ausbildung von Persönlichkeitsstörungen verursachen oder begünstigen.

Für unser gesamtes Leben ist es entscheidend, wie wir als Kleinkinder unsere Gefühle erlebt haben und vor allem, wie wir gelernt haben, mit unseren Gefühlen umzugehen. Haben wir gelernt, sie zu regulieren? Dabei kommt unseren frühesten Bezugspersonen, allen voran unseren Eltern, eine sehr wichtige Rolle zu. Diese Beziehung wirkt im günstigsten Fall auf unser Gefühlsleben stimulierend, beruhigend oder wohlwollend korrigierend. Ein enger, von Fürsorglichkeit geprägter Kontakt fördert eine stabile seelische Sicherheit.

Frühkindliche Erfahrungen Studien des US-amerikanischen Entwicklungspsychologen Allan Schore belegen, dass Kinder, die nicht beständig oder ausreichend geliebt wurden, lebenslang emotionale Probleme haben. Hingegen sind Heranwachsende, die genug liebende Fürsorge erhalten haben, später im Leben emotional stabiler und weniger ängstlich. In seinen Untersuchungen zeigten solche Kinder zudem in ihrer späteren Entwicklung ein ebenfalls sehr umsorgendes Verhalten, was vermuten lässt, dass positive Interaktionen dazu beitragen, optimistische und soziale Gehirne zu formen.

> Die Beweggründe für ein Verhalten zu kennen oder zu verstehen, heißt nicht, dass man es akzeptieren muss.

Minenfeld Pubertät Auch wenn ein Kind sowohl genetisch wie auch erziehungsbedingt störungsfrei durch eine ruhige Kindheit segelte, kann es im Sturm und Drang der Pubertät Schiffbruch erleiden. Für Jugendliche ist die Zugehörigkeit zu einer Peergroup – ob Clique oder Gang – von großer Wichtigkeit. Hier werden fernab des Elternhauses oder der Schule eigene, zum Teil neue Werte und Stile gelernt. Diese können förderlich sein, müssen es aber nicht. Nicht dazuzugehören oder bewusst ausgeschlossen zu werden, kann zu einer traumatischen und belastenden Erfahrung werden, die sehr am Selbstwertgefühl kratzen kann.

PRÄGENDE ERFAHRUNGEN FÜR UNSEREN AUTOPILOTEN

Unsere Erfahrungen – vor allem die aus unserer Kindheit und Jugend – prägen unser Gehirn. Durch sie bildet sich ein neuronales Netz mit für uns typischen Automatismen und Routinen aus, die sehr stabil sein können. Man kann sich das vorstellen wie einen Autopiloten, der je nach Anforderung entsprechende Abläufe gespeichert hat. Dabei muss dieser Autopilot noch nicht mal extra aktiviert werden – meistens stoßen äußere Einflüsse die inneren Prozesse an.

Da unser Organismus sehr darauf bedacht ist, gut mit seiner Energie zu haushalten, befinden wir uns im Erwachsenenalter meistens im Autopilotmodus und nutzen die immer gleichen Routen – gleichgültig, ob sie gut oder schlecht für uns sind. Das gilt vor allem für kritische Situationen, wenn gar keine Zeit ist, unser Bewusstsein einzuschalten.

Im Folgenden stelle ich Ihnen typische Prägungen aus der Kindheit und Jugend vor, die uns maßgeblich beeinflussen können.

Verlust, frühe Trennungen und Schicksalsschläge Diese dramatischen Erlebnisse bringen schon uns Erwachsene aus der Bahn. Wie soll es da Kindern gehen, die mitten in ihrer Entwicklung sind und auf einen geringeren Schatz an Erfahrungen zurückgreifen können? Längere Klinikaufenthalte oder die Trennung der Eltern können starke Ängste vor Verlust und Einsamkeit hervorrufen. Durch Krankheiten in der Familie oder Tod können sich Schuldgefühle entwickeln, die zu dem inneren Zwang führen, man müsse den Verlust ausgleichen oder wiedergutmachen.

Vernachlässigung und Ablehnung Wenn Eltern auf die Ängste und Nöte ihrer Kinder nicht reagieren, sie vielleicht noch nicht einmal wahrnehmen, dann erzeugt das im Kind einen erheblichen Stress. Die Folge kann sein, dass es sich von allen im Stich gelassen fühlt und nicht mehr zeigt, was es wirklich fühlt, um sich zu schützen. Vielleicht traut das Kind auch seinen Gefühlen nicht mehr? Immerhin hat es keine Resonanz darauf erhalten. Vielleicht sind sie ja falsch? Mit der Zeit kann sich so ein übersensibles Radar für Zurückweisungen oder Kritik entwickeln.

> Fehlende Zuwendung, gar Ablehnung verunsichert Kinder.

Missbrauch, Prügel und Willkür Kinder, die Prügel, Willkür oder Missbrauch ausgesetzt sind, lernen früh, geringste Vorzeichen für Zurückweisungen zu erkennen. Als Erwachsene reagieren sie dann übersensibel auf Kritik. Insbesondere sexueller oder emotionaler Missbrauch prägen das Gehirn und das Verhalten.

Beschimpfungen und fehlender Respekt Von Kindern wird ganz automatisch erwartet, dass sie Erwachsenen Respekt zollen. Umgedreht erfahren sie leider nicht immer Respekt von uns. Nicht selten sind Kinder Spott und Herabsetzungen durch die Erwachsenen ausgesetzt, worunter ihr Selbstwertgefühl leidet. Zum Beispiel durch vermeintlich lustige Frotzeleien wie „Da kommt ja unser Germany's Next Top Moppel" oder Beschimpfungen wie „Lass das, dafür bist du zu blöd." Ein Kind folgert daraus, dass es so, wie es ist, nicht richtig ist. Wer als Kind ständig Hänseleien, insbesondere durch die Eltern, erleiden musste, wird als Erwachsener zu negativen und selbstkritischen Gedanken neigen und ein geringes Selbstwertgefühl haben. Sehr wahrscheinlich wird er sich selbst ständig abwerten.

Überzogene Erwartung, Dauerkritik und fehlendes Zutrauen Nehmen Eltern Erfolge für selbstverständlich oder erhält das Kind nur bei

Fehlern und Misserfolgen Aufmerksamkeit, dann wird es ihm schwerfallen, sich selbst als kompetent wahrzunehmen. Statt stolz auf die eigenen Fähigkeiten zu sein, wird es eher ständig an sich zweifeln. Statt neugierig und gelassen Dinge auszuprobieren, wird es Entscheidungen und Aufgaben nur zögerlich oder gar nicht angehen – zu tief ist die Angst vor Misserfolgen. Fehlendes Zutrauen unterwandert dann auch den Wunsch nach Selbständigkeit, man sucht Zuflucht in abhängigen Beziehungen, in denen andere wieder die Verantwortung übernehmen. Oder man hat ständig das Gefühl, etwas beweisen zu müssen. Das kann zu großen Erfolgen motivieren, aber auch zu Rechthaberei führen.

> Zu viel Lob verunsichert im gleichen Maße wie zu viel Kritik.

Alles wird gelobt Zu viel und vor allem unberechtigtes Lob kann genauso schädlich sein wie überzogene Kritik. Wird alles immer und überschwänglich gelobt, lernt ein Kind nicht, seine Fähigkeiten realistisch einzuschätzen. Mit der Zeit wird es misstrauisch, ob dem Lob zu trauen ist. Zum anderen kann es Kritik und Misserfolge kaum aushalten. Das hat zur Folge, dass das Selbstbewusstsein sinkt und gleichzeitig der innere Zwang, immer erfolgreich sein zu müssen, steigt.

EIN TEUFELSKREIS

Wenn Kinder anderen Menschen misstrauen, entwickeln sie oftmals Aggressionen, wodurch ein Teufelskreis entsteht: Sie gehen davon aus, schlechte Erfahrungen zu machen, also verhalten sie sich aggressiv. Das wiederum erzeugt Konflikte, durch die sie sich in ihrer Erwartung bestätigt fühlen.

BELOHUNG UND GUTE GEFÜHLE

Verhaltensweisen, die andere Menschen irritieren, müssen vom Sender keineswegs als unangenehm empfunden werden. Hat man zum Beispiel als Kind die positive Erfahrung gemacht, durch permanentes Nörgeln zum ersehnten Ziel zu kommen, wird man dieses Verhalten selbst nicht als nervig empfinden – auch wenn man die Reaktionen der anderen bewusst wahrnimmt. Man hat ja mit der Masche Erfolg, und das wird mit guten Gefühlen honoriert.

Die Einflüsse der Umwelt

Wir alle leben nicht in einem Vakuum, sondern in einer Umwelt, die uns beeinflusst und die wir beeinflussen. Ob physisch, sozial, psychisch, spirituell – sämtliche Umwelteinflüsse haben ihren Anteil daran, wie wir denken, fühlen und handeln. Mit den folgenden Beispielen möchte ich Ihnen verdeutlichen, wie diese äußeren Einflüsse auf uns wirken.

Vorbeugende Angriffe In fünf Studien mit rund 1 300 Teilnehmern fand der Psychologe Nir Halevy von der Stanford University in Kalifornien heraus, dass wir aus einem vagen Gefühl der Bedrohung zu „Präventivschlägen" („defensive aggressions") neigen, wie zum Beispiel andere verbal anzugreifen oder Beziehungen vorsorglich abzubrechen. Er stellte ferner fest, dass dies vor allem dann passiert, wenn wir eine Situation als hoffnungslos empfinden. Dabei braucht es keinen direkten Anlass.

Schlecht zu lesen – keine Motivation Manchmal sind die Gründe für negative Gefühle äußerst subtil. Die Wissenschaftler Hyunjin Song und Norbert Schwarz von der University of Michigan (Ann Arbor) fanden heraus, dass unsere Motivation von Umständen beeinflusst werden kann, die auf den ersten Blick keinen Zusammenhang erkennen lassen. Sie zeigten in mehreren Experimenten, wie schnell man allein aufgrund der Lesbarkeit einer Schrift trügerische Rückschlüsse über den Schwierigkeitsgrad einer Aufgabe ziehen und damit schlechte Laune bekommen kann.

In einer dieser Studien baten sie Probanden, verschiedene Kochrezepte nachzukochen. Die eine Hälfte der Teilnehmer bekam den Text in der leicht lesbaren Schrift Tahoma. Die andere Gruppe erhielt den Text in einer sehr verschnörkelten und eher schwer entzifferbaren Schrift. Die Buchstabengröße war in beiden Fällen die gleiche, ebenso die Schriftfarbe. Probanden, die Rezepte in der schwer lesbaren Schrift lesen mussten, meinten frustriert, sie würden das Gericht eher nicht kochen, da es zu schwierig sei und zu viel Zeit in Anspruch nehme. Die Vergleichsgruppe war deutlich motivierter: Selbst Kochanfänger trauten sich schwierige Gerichte zu. Wenn ein äußerer Reiz derart stark auf unser Unbewusstes wirken kann, dass er unsere Reaktionen beeinflusst, lässt dies erahnen, wie mächtig manche Nebensächlichkeiten sein können.

DIE GUTEN SEITEN VON ÄRGER UND WUT

Ärger ist ein Gefühl, das alle Menschen gut kennen. Er kann übertrieben und destruktiv sein, aber auch angemessen und förderlich. Ärger ist eine Energie, die ebenso mobilisieren wie auch krank machen kann. Je besser wir diese Energie verstehen, desto leichter können wir sie überwinden oder für uns nutzen.

Anger is an energy!

„Anger is an energy", sang der Punkrocker Johnny Rotten bereits in den 1970er-Jahren. Laut Statistik ärgern wir uns laufend und zweimal in der Woche heftig. Glücklicherweise verfliegt das Gefühl, das von Unbehagen oder Missmut bis hin zu Wut oder Zorn reichen kann, nach etwa einer Stunde.

Ärger gehört wie Freude, Überraschung, Ekel, Angst oder Traurigkeit zu unseren Grundgefühlen. Anders als Angst oder Traurigkeit wirkt Ärger jedoch nicht lähmend. Ganz im Gegenteil: Ärger mobilisiert in uns Energie, die aus der Frustration erwächst, dass etwas nicht so läuft, wie wir es erhofft haben oder gewohnt sind. Ärger kann somit Orientierung geben und wichtige Veränderungen in Gang setzen. Wenngleich Ärger dahin führen kann, wo man nie hinwollte, hat er auch das Potenzial für gute Wendungen.

Empörung erwünscht!

Hass, Ärger oder Wut sind nicht das Gegenteil von Liebe. Das Gegenteil von Liebe ist Gleichgültigkeit. Richtig eingesetzt, kann uns Ärger dabei unterstützen, für uns oder andere einzustehen. Es gibt Momente, da ist es erwünscht, sich zu ärgern und diesem Ärger Ausdruck zu geben. Zum Beispiel, um gegen Ungerechtigkeiten vorzugehen, Hindernisse aus dem Weg zu räumen oder das, was einem in einer Beziehung nicht gefällt, beim Namen zu nennen. All das – angemessen, sprich gewaltfrei ausgedrückt – kann sehr konstruktiv sein.

Unfaire Behandlung von Arbeitskollegen, Benachteiligung von Minderheiten, sexuelle Grenzüberschreitungen, absichtlicher Rufmord, ausbeuterisches Verhalten usw. – bei alldem ist Ärger berechtigt, Empörung angebracht und verantwortliches Handeln gefragt. Nicht umsonst spricht man vom „gerechten Zorn". In diesen Momenten aktiviert uns die Wut und gibt uns den Willen, uns einer Situation anzunehmen. Das hilft auch, das Selbst zu stärken.

Schließen Sie Frieden mit Ihrem Schatten

Möchten Sie Ihren Ärger konstruktiv nutzen, sollten Sie im ersten Schritt Frieden mit den Schattenseiten Ihres eigenen Verhaltens schließen. Keine Sorge: Wenn Sie den Ärger als einen Teil von sich selbst akzeptieren, werden Sie ihn nicht verstärken und zu einem missmutigen, negativen Menschen mutieren. Ganz im Gegenteil, es stärkt vielmehr Ihre Selbstakzeptanz und die Fähigkeit, aus negativen Gedankenspiralen auszusteigen. Ihre Grundhaltung entscheidet über Ihren bewussten Umgang mit Ihrer Wut und die Möglichkeiten, was Sie damit machen.

Im zweiten Schritt gilt es, dem Ursprung für den Ärger auf den Grund zu gehen. Fragen Sie sich:
- Was für ein Ärger war das genau?
- Wann und wie lange habe ich mich geärgert?
- Über wen oder was habe ich mich geärgert?
- Was hat den Ärger verfliegen lassen?

Oft zeigt ein kritischer Blick, dass ganz andere Gefühle hinter dem Ärger stecken, wie zum Beispiel anhaltende Enttäuschung über verpasste Chancen, Einsamkeit, Ohnmacht, Sehnsucht nach Wertschätzung usw. Dieses Wissen unterstützt Sie, die eigentlichen Antreiber Ihrer Frustration anzugehen und somit vielen Quellen von Ärger und Wut aus dem Weg zu gehen.

Wie man den Ärger zähmen kann

Ärger in angemessener Form und im richtigen Maß kann also auch sehr konstruktiv sein. Er weist uns darauf hin, was nicht stimmt. Unterstützt uns darin, für uns und andere einzustehen, Ungerechtigkeiten anzugehen oder Hindernisse aus dem Weg zu räumen. Lassen Sie sich von Ihrem Ärger nicht übermannen, dann können Sie die frei werdende Energie umlenken und positiv nutzen – für sich und für andere.

Stopp! Eine effektive Methode, um dem Ärger die Energie zu entziehen, ist die Verzögerung. Rufen Sie sich selbst „Stopp" zu oder stellen Sie sich ein Stopp-Schild vor. Hilfreich ist auch, einige Male tief durchzuatmen und dabei bis zehn zu zählen. Der vermeintliche Aufschub gibt Ihnen die Gelegenheit, kurz innezuhalten, statt aus einem Impuls heraus zu reagieren.

Perspektivwechsel Studien zeigen, dass ein gedanklicher Seitenwechsel Ärger verfliegen lassen kann. Auch wenn es im konkreten Moment schwerfallen mag zu verstehen, was den anderen zu seiner Handlung veranlasst hat, kann genau das Abstand zum Ärger schaffen. Jedes Verhalten ist erklärbar und hat für den anderen einen gewissen Sinn, den Sie weder verstehen noch billigen müssen. Oft stellt sich zudem heraus, dass die Sache halb so wild und den Ärger gar nicht wert ist.

Sportlich abreagieren Sport ist ein gutes Mittel, um Ärger und Frust schnell wieder loszuwerden. Durch Bewegung werden Stresshormone abgebaut und Glückshormone ausgeschüttet. Das gilt für Spazierengehen genauso wie für Joggen, Squashspielen oder Schwimmen.

Geschmacklich ablenken Überlagern Sie die Stärke des Ärgers mit einem starken geschmacklichen Reiz, durch den Sie abgelenkt werden. Lutschen Sie ein scharfes Bonbon oder beißen Sie in eine Chilischote.

Unbefangenheit und wohlwollende Einschätzungen Es hilft zu überprüfen, ob die andere Person Sie absichtlich verärgert hat oder ob das ungewollt geschehen ist. Der genaue Blick schützt vor allem vor der „Ärgerbrille". Diese bewirkt, dass Sie Ihrem Ärger über die andere Person schon vor dem nächsten Treffen den roten Teppich ausrollen.

Lächeln Sofern man sein Gegenüber nicht damit provoziert, kann Lächeln sehr beruhigen. Es bewirkt eine positive Rückkopplung zwischen Gesichtsmuskulatur und Gehirn und gibt das Signal „ich fühle mich gut", was den Geist beruhigt. Man nennt das „Facial Feedback".

Reden Hat Sie etwas sehr aufgewühlt, schütten Sie einer guten Freundin Ihr Herz aus. Wenn Sie sich den Ärger von der Seele reden, sehen Sie die Situation klarer. Außerdem sind Freunde gut geeignet, um mit einem weniger emotionalen Blick die Situation eventuell zu relativieren.

Wenn Geist und Körper leiden

Manchmal kann man den Ärger über andere Menschen abschütteln, manchmal lässt er sich in positive Bahnen lenken. Das gelingt jedoch nicht immer. Es gibt Menschen, die setzen einem so sehr zu, dass man das Gefühl hat, mit dem Rücken an der Wand zu stehen. Schwierige Menschen missachten mit ihren Verhaltensweisen Normen, sie nehmen keine Rücksicht auf unsere Bedürfnisse. Ständig überschreiten sie unsere Grenzen, was uns ärgert und unser Selbstwertgefühl angreift. Wenn dies permanent und massiv passiert, hat das seelische und körperliche Folgen. Es entsteht ein Leidensdruck, der über Ärger oder Wut hinausgeht.

Ständiger Ärger kann unter anderem zu Kopfschmerzen, Verdauungsproblemen, Magengeschwüren oder Burn-out führen.

Ständige Beleidigungen und Grenzüberschreitungen kratzen an unserem Selbstwertgefühl. Das bewirkt nicht nur negative Gefühle, sondern zeigt sich auch körperlich. Neurologen fanden heraus, dass Ablehnung und Zurückweisung vom Gehirn auf gleiche Weise und ähnlich intensiv wahrgenommen werden wie körperlicher Schmerz. Als Reaktion produziert unser Gehirn körpereigene Opiate, also Betäubungsmittel.

Studien zufolge ist fortwährender Ärger für unser Herz genauso gefährlich wie Rauchen oder Bluthochdruck. Das Risiko eines Infarktes oder Schlaganfalls wächst, wenn man sich häufig, lange und intensiv ärgert, da dies Blutfett- und Zuckerwerte steigen lässt. Ärger schlägt zudem auf den Magen, beeinträchtigt die Verdauung, löst Kopfschmerzen aus und lässt uns nicht oder schlecht schlafen.

Übrigens zeigen weitere Studien, dass diejenigen, die ihrem Ärger ungehemmt Luft machen, diesen nicht loswerden, sondern verstärken. Ebenso wenig hilft es, den Ärger zu unterdrücken. Das führt zu verschiedenen körperlichen Symptomen wie Nacken- oder Rückenschmerzen, nächtlichem Zähneknirschen oder Magengeschwüren nebst Nervosität, Unruhe und Gereiztheit. Ob Sie explodieren oder Ihren Ärger unterdrücken – beides führt nicht dazu, dass Sie sich am Ende besser fühlen.

Schwierige Menschen machen unproduktiv

Weitere negative Konsequenzen von Stress und Druck durch aggressives Verhalten sind schlechte Laune, Reizbarkeit, Depressionen, Unfälle und Produktionsfehler. Christine Porath von der University of Southern California in Los Angeles und ihr Kollege Amir Erez von der University of Florida in Gainesville konnten anhand zahlreicher Studien belegen, dass sich schlechte Umgangsformen negativ auf die Betroffenen und auf deren Arbeitsleistung auswirken. So zeigten zum Beispiel studentische Versuchsteilnehmer, die angepflaumt wurden, weil sie scheinbar wegen Schusseligkeit den falschen Raum betreten hatten, in anschließenden Tests ein geringeres Denkvermögen und weniger Kreativität als solche, denen die Beschimpfung erspart blieb.

Daher sind schwierige Menschen im beruflichen Umfeld nicht nur für einzelne Mitarbeiter problematisch, sondern sie sorgen insgesamt für ein schlechtes Arbeits- bzw. Betriebsklima. Die direkt Betroffenen fühlen sich ohnmächtig und im Stich gelassen, sind in ihrer Arbeit beeinträchtigt und werden möglicherweise krank, was sich auf die Kollegen, die Abteilung auswirkt. Eine negative Arbeitsatmosphäre ist niemals produktiv.

SOUVERÄN MIT KONFLIKTEN UMGEHEN

Konflikte kennt jeder. Sie sind alltäglich und unvermeidbar. Wie gehen Sie mit Konflikten um? Wie reagieren Sie, wenn ein anderer Sie nervt oder provoziert? Wie gut können Sie Streitigkeiten aushalten? In diesem Kapitel erfahren Sie, wie Sie konstruktiv mit Konflikten umgehen können.

Viele Menschen scheuen Aussprachen und haben große Schwierigkeiten, Widersprüche oder unterschiedliche Sichtweisen auszuhalten. Dabei haben Konflikte auch das Potenzial für positive Veränderungen. Konfliktfähige Menschen erleben Unterschiede als bereichernd.

Chance oder K(r)ampf?

In der chinesischen Schriftsprache setzt sich der Begriff Konflikt aus dem Zeichen für „mögliche positive Veränderung" und dem Zeichen für „mögliche Gefahr/Krise" zusammen. Die Doppeldeutigkeit unterstreicht, dass ein Konflikt nicht nur störend sein muss, sondern auch das Potenzial hat, Motor und Stimulus für positive Veränderungen zu sein. Jede Krise beinhaltet Chancen – manchmal einige wenige und manchmal große entscheidende.

Insbesondere Beziehungskonflikte bieten uns die Möglichkeit, mehr übereinander zu erfahren – über das, was uns trennt und was uns vereinigt. Das Offenlegen von Wünschen, Erwartungen und Vorstellungen schafft Klarheit und Orientierung. Die Reibung mag schmerzlich sein, kann aber wichtige Veränderungen in Gang bringen – wenn die Konflikte wohlwollend ausgetragen werden und alle Beteiligten an einer Lösung interessiert sind.

> Konflikte sind unangenehm, können aber förderlich sein für eine Beziehung und für die eigene Entwicklung.

Ein Konflikt wird erst dann zum echten Problem, wenn keine Lösung in Sicht ist. Mag sein, dass die Situation zu verfahren ist. Oder die Beteiligten sind aus verschiedenen Gründen nicht daran interessiert, den Konflikt konstruktiv zu lösen. Problematisch sind auch einseitige Konflikte, wenn also nur eine Seite eine Situation als schwierig erlebt, dies aber nicht äußert.

Dies ist häufig beim Umgang mit schwierigen Menschen der Fall: Ihr cholerischer Chef tyrannisiert Sie und Sie haben keine Möglichkeit, sich mit ihm auseinanderzusetzen. Ihr narzisstischer Exmann macht es mit seinem sprunghaften und egozentrischen Verhalten unmöglich, eine gute Regelung für den Umgang mit dem gemeinsamen Sohn zu finden.

Den Konflikt analysieren hilft, ihn zu lösen

Das Wissen um die Art, die Entstehung und den Verlauf von Konflikten hilft dabei, Lösungsstrategien zu entwickeln. Zu schauen, was für eine Art von Konflikt vorliegt, ermöglicht schon die erste Deeskalation: Geht es um eine Sache, einen Ablauf oder um die

Beziehung? Es gibt Konflikte, die können zwar hart in der Sache ausgefochten werden, aber dennoch sanft zwischen den Streitparteien verlaufen, wenn es zum Beispiel um Aufgaben oder Prozesse geht. Schwieriger wird es bei Beziehungskonflikten.

Höllenfeuer oder Eiseskälte?

Ebenfalls wichtig ist die gefühlte Betriebstemperatur des Konflikts: Ist er eher heiß oder kalt? Bei heißen Konflikten kochen die Emotionen hoch. Offene Angriffe und Ausbrüche begleitet von oft lauten Tönen sind typisch. Die Reibung verschleißt zwar Energie, aber man weiß zumindest, woran man ist. In kalten Konflikten brodelt es auch, aber verdeckt, teilweise im Geheimen. Da kalte Konflikte nicht offen ausgetragen werden und man teilweise lange Zeit ahnungslos im Ungewissen tappt, herrscht hier Alarmstufe Rot. Was brodelt da vor sich hin und kann uns jederzeit kalt erwischen?

> Kalt ausgetragene Konflikte haben eine größere Schadenswirkung, vor allem auf unsere Gesundheit, als hitzige Debatten.

Aufgaben-, Prozess- und Beziehungskonflikte

Es gibt viele unterschiedliche Konfliktarten, wie zum Beispiel Zielkonflikte, Wahrnehmungskonflikte, Verteilungskonflikte, Rollenkonflikte, Beziehungskonflikte oder Wertekonflikte. Die Professorin für Wirtschafts- und Organisationsverhalten Elisabeth Mannix von der Cornell University in Ithaca, New York und ihre australische Kollegin Karen Jehn von der Melbourne Business School haben sie in drei Gruppen zusammengefasst: Aufgabenkonflikte, Prozesskonflikte und Beziehungskonflikte. Ihrer Ansicht nach sind vor allem

Beziehungskonflikte kritisch, da diese oftmals mit emotionalen Spannungen oder Reibungen einhergehen.

Müssen Sie für Ihren Chef eine Präsentation erstellen, können schnell Konflikte entstehen. Wenn es darum geht, was in der Präsentation wie vorgestellt werden soll, können die Ansichten auseinandergehen – manchmal heftig. Werden Inhalte und deren Aufbereitung diskutiert, befinden Sie sich in einem Aufgabenkonflikt. Sie kommen in eine schwierige Konfliktsituation, wenn akribisch genau vorgegeben wird, was bei der Präsentation zu erscheinen hat, sodass Sie sich fragen, warum dieser ängstliche Erbsenzähler von Chef den Job nicht lieber gleich selbst macht. Hat er kein Vertrauen in Ihre Fähigkeiten? Hält er Sie für dumm? Dann sind Sie im Beziehungskonflikt, der sich nicht so leicht lösen lässt.

Ähnlich verhält es sich bei Prozesskonflikten. Hier entstehen Unstimmigkeiten durch unterschiedliche Sichtweisen darüber, wie das Erfüllen einer Aufgabe ablaufen soll. Also wer was wann macht.

Gehören Sie zum Organisationskomitee der örtlichen Frauengemeinschaft und sollen zusammen mit anderen Frauen ein Sommerfest für das Dorf organisieren, können Sie sachlich diskutieren, wer was macht. Nimmt jetzt eine der Frauen das Zepter in die Hand und verteilt die Arbeiten, können schnell Beziehungskonflikte daraus resultieren. Manche sind vielleicht froh über das Engagement, andere fühlen sich möglicherweise bevormundet oder werfen der Frau vor, sich ungefragt als Chefin aufzuspielen. Statt über das Festprogramm zu sprechen, befinden Sie sich schnell in einem Beziehungskonflikt, der die eigentlich gute Sache mit Ärger überschattet.

Welcher Natur sind die Konflikte mit Ihrem schwierigen Zeitgenossen? Geht es normalerweise um das Wie und Warum oder um das

Wer und Wann? Oder geht das Gerangel viel tiefer? Weiß man, was für ein Konflikt vorliegt, stellt sich die nächste Frage: Wie kann man den Konflikt lösen?

Wie kann man Konflikte lösen?

Konflikte sind Teil unseres Alltags. Sie totzuschweigen oder auszusitzen, ist keine Lösung. Es ist wichtig, mit Missverständnissen und zwischenmenschlichen Stolpersteinen offen umzugehen. Zum einen, damit aus den einzelnen Steinen kein Schutthaufen wird. Zum anderen, um keine Angst davor zu haben, Probleme anzusprechen – vieles stellt sich im Nachhinein als weniger schlimm heraus, als es zu Anfang schien.

Stärken Sie kontinuierlich Ihre Konfliktfähigkeit

Es ist gleichgültig, ob der andere gewillt ist, mit einem Konflikt konstruktiv umzugehen. Dummheit oder stoische Ignoranz sollten Sie nicht daran hindern, den Konflikt zu „managen". Es gibt zwar keine Patentlösungen, aber um bei Debatten oder drohenden Streitereien einen kühlen Kopf zu bewahren, ist es ein guter Weg, die eigene Konfliktfähigkeit grundsätzlich zu stärken.

Was ist Konfliktfähigkeit? Wenn Sie zum einen Spannungen aushalten können und zum anderen wissen, dass Sie Unstimmigkeiten nicht scheuen müssen, dass sie geklärt werden können. Widersprüche, Streitigkeiten und unterschiedliche Meinungen zu akzeptieren bedeutet nicht, sie gutzuheißen. Es gibt sie immer im Leben, also ist es besser, sie als einen Teil davon zu anzunehmen. Das ist der erste Schritt, um mit diesen Widrigkeiten umgehen zu können.

Ein weiterer Schritt ist zu wissen, was Sie wollen. Wie sollen Sie sonst Grenzen setzen? Zudem macht Sie das Wissen um Ihre Bedürfnisse und Werte auch innerlich frei. Warum sollten Sie sich in Diskussionen verstricken, wenn Ihnen Ihre Position klar ist? Dann können Sie sich den Standpunkt des anderen anhören, ohne sich provozieren zu lassen, selbst wenn der andere genau das mit spitzen Bemerkungen oder unlauteren Scheinargumenten versucht.

> Wenn Sie wissen, was Sie wollen, können Sie mit Provokationen besser umgehen.

Seien Sie aufmerksam

Einem anderen zuzuhören heißt nicht, seinen Ideen und Gedanken zuzustimmen – selbst dann nicht, wenn Sie mit Schweigen antworten. Hören Sie bei Meinungsverschiedenheiten jedoch aktiv zu, haben Sie schon einen ersten Schritt zu einem weniger konfliktgeladenen Austausch getan. Der andere fühlt sich wahrgenommen, vielleicht sogar wertgeschätzt. Damit haben Sie eine vollkommen andere Ausgangssituation, als wenn sofort alle Schutzschilde hochgefahren werden.

Hören Sie Ihrem Gegenüber also aufmerksam zu. Driften Sie nicht in Gedanken ab. Kein Explodieren, keine Flucht nach innen. Verabschieden Sie sich vor allem von dem Gedanken, immer etwas sagen zu müssen. Bleiben Sie wachsam, denn so bekommen Sie viel mehr Distanz zum Geschehen und überhören auch keine möglichen Friedensangebote. Diese werden bei Streitigkeiten sehr oft, aber meist subtil offeriert!

Scheuen Sie sich auch nicht davor, je nach Situation nachzugeben. Bewerten Sie das nicht als Einknicken oder Verlieren. Nicht umsonst sagen wir: „Der Klügere gibt nach." Nachzugeben kann im Übrigen das Selbstwertgefühl stärken – ich muss nicht egal zu welchem Preis gewinnen.

Achten Sie auf Ihren Ton

Egal was wir mitteilen, wir sprechen den anderen immer auf zwei Ebenen an. Zum einen auf der Sach- oder Inhaltsebene und zum anderen auf der Gefühls- oder Beziehungsebene. Zwischen dem Was (gesagt wurde) und dem Wie (es gesagt wurde) besteht eine Abhängigkeit, die nicht zu unterschätzen ist. Das Was mag den Inhalt vielleicht noch sachlich beschreiben, aber das Wie gibt den Ton an – im wahrsten Sinne des Wortes. Tonfall, Lautstärke, Modulation, Blick oder Körperhaltung deuten zudem an, wie sich der Sprecher gegenüber dem Zuhörer sieht. Das kann gerne mal die vermeintlich sachliche Aussage in den Schatten stellen, um nicht zu sagen in den toten Winkel.

Sprechen Sie konkretes Verhalten an

Statt über vermeidliche Charakterzüge Urteile zu fällen oder jemandem moralische Vorhaltungen zu machen, ist es zielgerichteter, das konkrete Verhalten anzusprechen. So lassen sich eher Lösungen und Kompromisse erzielen. Stört es Sie, dass ein Arbeitskollege auf jeden Anruf genervt reagiert, dann wird sich seine Laune nicht verbessern, wenn Sie ihm sagen, er solle sich gefälligst zusammenreißen. Man kommt leichter zu einer Lösung, wenn man mit dem anderen in ein Gespräch kommt, in dem man konkret auf die Situation eingeht: „Du reagierst heute sehr nervös auf jeden Anruf."

KONFLIKTKLÄRUNG IN VIER SCHRITTEN

Es gibt verschiedene Methoden, wie man Konflikte lösen kann. Eine einfache, aber effektive Vorgehensweise möchte ich Ihnen hier vorstellen.

1. **Den Konflikt wahrnehmen und einstufen:** Sie haben den Konflikt bemerkt, nun überlegen Sie, wo Sie stehen. Worum geht es genau? Welche Art von Konflikt liegt vor? Welche Personen sind beteiligt? Wie ist das Verhältnis zueinander? Welche Konsequenzen befürchte ich, wenn ich das Thema anspreche? Wie weit ist der Konflikt schon eskaliert? Ist ein Gespräch möglich? Sind die Fronten verhärtet?
2. **Den Konflikt ansprechen:** Stellen Sie das Problem dar und die Gefühle, die es in Ihnen auslöst. Erläutern Sie die Wirkung, die der Konflikt hat (z. B. auf den Arbeitsablauf oder den Familienfrieden).
3. **Gemeinsam Lösungen finden:** Präsentieren Sie Ideen, Wünsche und Lösungsmöglichkeiten und fragen Sie nach weiteren Vorschlägen. Suchen Sie gemeinsam nach einer Einigung.
4. **Die Lösungsvorschläge umsetzen:** Überprüfen Sie, ob die Übereinkünfte auch umgesetzt wurden.

Wenn Sie sich nicht trauen

Sie haben den Konflikt wahrgenommen, haben für sich analysiert, worum es geht, trauen sich aber nicht, das Thema anzusprechen. Vielleicht lässt die betreffende Person Sie einfach nicht zu Wort kommen, wenn Sie es versuchen. Oder Sie haben Angst, zurückgewiesen, runtergeputzt, vielleicht sogar ausgelacht zu werden. Oder Sie haben es bereits versucht, aber im letzten Moment gekniffen und kein Wort herausbekommen. Dann ist es eine gute Idee, sich Unterstützung zu holen.

Gibt es vielleicht eine Vertrauensperson, mit der Sie Ihre Gedanken besprechen können? Mit der Sie zum Beispiel im Rollenspiel die Situation ausprobieren und testen können? Wie beurteilt der andere Ihr Verhalten? Welche seiner Vorschläge könnten helfen? Falls Sie niemanden als Sparringspartner haben, können Sie sich diesen auch vorstellen, zum Beispiel einen Prominenten, eine Politikerin, einen Schauspieler. Was würde Steffi Graf zu Ihrem Problem sagen? Wie würde Herbert Grönemeyer reagieren? Alleine dieser spielerische Perspektivwechsel eröffnet neue Sichtweisen. Und der Gedanke, dass Tom Hanks einem fest die Daumen für das Gespräch drückt, kann stärken.

Die Königsdisziplin ist Konfliktprävention

Ein offener Austausch ist wesentlich für eine gute Zusammenarbeit. Unternehmen und Vorgesetzte tun gut daran, eine offene und wertschätzende Diskussionskultur zu fördern. Leider fühlen sich viele Mitarbeiter alleingelassen und ohnmächtig. Eine Umfrage im Auftrag des Weinheimer Bildungsunternehmens Dozentenbörse unter 1500 Beschäftigten ergab, dass Führungskräfte häufig Probleme zwischen Mitarbeitern nicht wahrnehmen oder bewusst ihrem eigenen Lauf überlassen.

Statt Konflikte zu ignorieren, sollte in ein gesundes Konfliktmanagement investiert werden, denn das spart Nerven, Energie und Kosten. Die einfachste Lösung ist ein Problem, das erst gar nicht entsteht. Basis hierfür ist eine angstfreie Atmosphäre, in der jeder Störfelder ansprechen und bei Missverständnissen nachfragen darf. Nur so kann man mögliche Konflikte frühzeitig erkennen und ihnen entgegenwirken.

Tipps für berufliche Aussprachen

Sie müssen mit jemandem zusammenarbeiten, mit dem Sie nicht klarkommen? Je nach Konstellation herrschen hier zwar etwas andere Spielregeln, aber es gibt einige Tipps, die immer funktionieren – egal, ob Sie einen Konflikt mit Ihrem Chef, einer Kollegin oder einem Mitarbeiter haben:

- Überdenken und entscheiden Sie, wie stark Sie in die Vergangenheit eintauchen wollen (z. B. mittels Akten, E-Mails usw.). Inwieweit ist das nötig und hilfreich? Oder könnte das den Konflikt weiter anheizen?
- Legen Sie fest, was die Zielsetzung des Konfliktgespräches ist (Ihre und die möglichen Ziele des anderen). Mit welchen Lösungen und Kompromissen könnten Sie leben?
- Entwickeln Sie ein klares Rollenbewusstsein. Von jeder Position wird ein gewisses Rollenverhalten erwartet. Werden Sie sich bewusst, welche Leistung, welches Verhalten und welche Einstellungen von Ihnen erwartet werden und was Sie Ihrerseits von den anderen erwarten.
- Akzeptieren Sie Vorgesetzte in ihrer Rolle, selbst wenn Ihnen das Probleme bereitet.
- Vermeiden Sie Kurzschlussreaktionen wie schnippische Antworten oder schnell getippte und abgeschickte E-Mails.
- Erklären Sie ohne große Umschweife, um was es geht. Benennen Sie das Verhalten, das Ihnen aufgefallen ist – ohne Interpretationen oder Urteile. Beschreiben Sie aus Ihrer Perspektive, warum Sie mit dem Verhalten Probleme haben.
- Nutzen Sie dabei Ich-Botschaften. Wenn Sie den Konflikt allein aus Ihrer Warte beschreiben, fühlt sich Ihr Gegenüber nicht gleich in eine Verteidigungshaltung gedrängt.
- Hören Sie Ihrem Gegenüber zu und gehen Sie auf seine Worte ein, frei von Spekulationen und Unterstellungen.

- Nutzen Sie lieber das Wort „und" statt „aber". Zum Beispiel sagen Sie „Ihr Vorschlag ist gut und ich habe folgende Idee" statt „Ihr Vorschlag ist gut, aber ich habe folgende Idee."
- Versteifen Sie sich nicht zu sehr auf das Negative. „Ich will nicht, dass Sie im Sommer sechs Wochen Urlaub nehmen" muss nicht unbedingt bedeuten, dass ein Vorgesetzter grundsätzlich gegen sechs Wochen Urlaub ist.

Lässt sich der Konflikt trotz aller Bemühungen nicht beilegen, sollte ein Mediator hinzugezogen werden. Diese professionellen Streitschlichter können in vollkommen verfahrenen Situationen oftmals helfen. Weitere Hilfe gibt es bei Rechtsdiensten, Sozialdiensten oder Ombudsstellen.

Die alltäglichen Nervensägen

Wir haben natürlich nicht mit jedem schwierigen Menschen in unserem Umfeld einen Konflikt. Sehr häufig sind wir einfach nur unendlich genervt von jemandem, weil er eben so ist, wie er ist, weil er sich uns gegenüber auf eine bestimmte Art und Weise verhält.

Wie im ersten Kapitel beschrieben, gibt es verschiedene Persönlichkeitsstrukturen, die sich auch in sanfter Ausprägung unangenehm auf andere Menschen auswirken. Die Drama-Queen, mit der wir zwar keinen Streit haben, die uns aber mit ihrer ständig euphorischen Theatralik auf die Nerven geht. Der Klammeraffe, der zu allem widerstandslos und in gewisser Weise würdelos Ja und Amen sagt, egal, was wir von ihm verlangen. Der Eigenbrötler, an dessen unsichtbarer Schweigemauer wir uns andauernd eine blutige Nase holen. Die Arbeitskollegin, die egal um welches Thema es geht immer wieder einstreuen muss, wie unfähig alle anderen Kollegen sind. Der Mann der besten Freundin, der glaubt, sein Zynismus sei super lustig. Der Vereinskollege, der nur am Jammern und am Meckern ist. Die Lehrerin Ihres Sohnes, die aus jeder Mücke einen riesigen Elefanten macht.

Wenn Sie regelmäßig mit solchen Menschen zu tun haben, passiert es leicht, dass Sie schon genervt in die Situation gehen, weil Sie wissen, was Sie erwartet. Oder Sie versuchen ruhig zu bleiben und explodieren innerlich. Je besser Sie sich fühlen, desto leichter können Sie solche Zusammentreffen durchstehen und dann abhaken. Haben Sie aber Kopfschmerzen, gerade den Bus verpasst oder einen anstrengenden Tag hinter sich, dann fällt es viel schwerer, Haltung zu bewahren.

Dauerhaft ist es die beste Strategie, sich selbst zu stärken. Ein Mensch mit einem gesunden Selbstwertgefühl kann gelassen irritierendes Verhalten und Widersprüche aushalten. Manchmal braucht es aber auch ganz einfach schnelle und praktikable Lösungen. Bevor ich Ihnen Methoden und Wege vorstelle, wie Sie sich langfristig stärken können, erfahren Sie im folgenden Kapitel, wie Sie sich wappnen können, wie Sie sich am besten verhalten und wie Sie am besten nicht reagieren, wenn Sie mit einem schwierigen Menschen zusammentreffen.

ERSTE HILFE FÜR EIN ZUSAMMENTREFFEN MIT SCHWIERIGEN MENSCHEN

„Ruhig bleiben" gehört zu den wichtigsten Reaktionen, wenn man mit schwierigen Menschen zusammentrifft. Es ist die Basis, damit man bei sich bleiben und den eigenen Standpunkt souverän und frei von Aggression vertreten kann. Doch wie schafft man das?

Unter Stress und Druck lässt es sich oftmals schwer denken. Da übernimmt unser Autopilot allzu gerne das Steuer. Intuitiv und ohne nachzudenken starten unbewusste Stress-Automatismen und je nach Persönlichkeit reagieren wir mit Angriff, Erstarrung oder Flucht.

Es gibt gute, effiziente Methoden, um negative Stress-Routinen zu durchbrechen und sich neue gewünschte Verhaltensweisen anzueignen. Einige davon werde ich Ihnen in diesem Buch ab Seite 154 vorstellen. Doch zunächst möchte ich Ihnen einen Notfallkoffer an die Hand geben, damit Sie fürs Erste und für unvorhergesehene Zusammentreffen gewappnet sind. Denn Verhaltensveränderungen brauchen Zeit und vielleicht haben Sie diese im Moment nicht.

So reagieren Sie besser nicht

Zunächst beschreibe ich ein paar typische Reaktionen – die Sie nicht zeigen sollten, wenn Sie mit einem schwierigen Menschen zusammentreffen! Bei der Lektüre wird Ihnen einiges bekannt vorkommen, denn all dies sind ganz normale Reaktionen in einer schwierigen Situation. Aber insbesondere im Umgang mit schwierigen Zeitgenossen sind sie nicht hilfreich und manchmal sogar kontraproduktiv.

Gleich vorweg gebe ich Ihnen eine erste Empfehlung: Nachdem Sie auf einen Plagegeist getroffen sind, fassen Sie für sich selbst kurz und sachlich zusammen, was passiert ist. Schieben Sie alle Gedanken an Ihre Reaktion beiseite, ob Sie verärgert/wütend oder sprachlos/gelähmt waren. Fangen Sie nicht an zu grübeln, und verharren Sie nicht in der Situation. Das Geschehene ist passiert.

Nicht persönlich nehmen

Mit Ihren Kenntnissen aus der kleinen Charakterkunde wissen Sie: Ihr Gegenüber ist durch sein Verhalten zwar ein Problem für Sie – es ist aber vor allem sein Problem! Das, was der andere sagt oder tut, hat viel mehr etwas mit ihm zu tun als mit Ihnen. Nehmen Sie weder sein Verhalten noch irgendwelche Aussagen persönlich. Stellen Sie sich vor, Sie seien ein Brückenpfeiler in einem reißenden Fluss. Lassen Sie einfach den Unrat rechts und links an sich vorbeischwimmen.

Dies gilt auch, wenn Sie genau wissen, dass etwas persönlich gemeint ist. Überlegen Sie sachlich, was inhaltlich zutreffen könnte, trennen Sie pauschale Anschuldigungen von konkreten Kritikpunkten. Und machen Sie sich klar, dass auch berechtigte Kritik kein Anlass ist, Sie anzuschreien, unsachlich oder beleidigend zu werden. Das gilt für die tränenreichen Vorwürfe einer Drama-Queen genauso wie für die Rumpelstilzchen-Ausbrüche eines Cholerikers.

Nicht explodieren

Falls Sie zu heftigen Emotionen neigen, versuchen Sie diese so lange wie möglich unter Kontrolle zu halten. Zu explodieren bringt nichts. Damit bringen Sie weder einen Choleriker zum Schweigen noch einen Schweiger zum Reden. Sie katapultieren sich nur in eine Situation, aus der Sie schwer wieder rauskommen. Schlimmstenfalls servieren Sie dem anderen auf einem Silbertablett Möglichkeiten zum Gegenangriff, indem Ihr Verhalten gegen Sie verwendet wird. Am Ende dreht der charmante Narzisst die Situation um, indem er Sie als hysterisch oder hypersensibel öffentlich anprangert. Schon hat er sich jeder Verantwortung für die Situation entzogen und Sie sind der Buhmann.

Nicht kleinmachen

Sich als Gegenreaktion klein zu machen oder sich wie ein Schoßhund zu gebärden, ist auch keine Lösung. Im Umgang mit schwierigen Zeitgenossen ist es wichtig, dass Sie Ihre Integrität bewahren. Wer sich unterwürfig verhält, lädt andere dazu ein, ihn anzugreifen und herumzuschubsen. Zeigen Sie Haltung – innere wie äußere, denn wer aufrecht steht, dem wird mehr Respekt entgegengebracht. Nutzen Sie dafür bewusst Ihren Körper (mehr dazu ab Seite 151 und 168).

Hüten Sie sich davor, eine Drama-Queen genau mit den Worten, die sie hören will, zu beschwichtigen, wenn sie gerade ihre bühnenreife „Du-liebst-mich-nicht"-Show abzieht. Sie tun sich damit keinen Gefallen, denn Sie untergraben Ihre Souveränität. Lassen Sie sich auch nicht von selbstzweiflerischen Jammertiraden einer ängstlichen-vermeidenden Person dazu verführen, Ihr selbstbewusstes Auftreten an den Nagel zu hängen, damit sich die andere Person besser fühlt. Bleiben Sie bei Ihrer Meinung – genauso, wie Sie es auch gegenüber einem Querulanten oder Besserwisser am besten tun.

Nicht einschüchtern lassen

Insbesondere dann, wenn der andere Sie verbal attackiert und sich dabei gerne bei der Wortwahl und im Ton vergreift, heißt es Ruhe bewahren. Lassen Sie die Worte an sich abperlen. Denken Sie an den Brückenpfeiler oder singen Sie innerlich ein Lied. Haben Sie keine Scheu davor, nicht zu reagieren, passiv zu bleiben. Lassen Sie lieber die negative Energie des anderen ins Leere laufen.

Egal, welche fiesen Funken der Choleriker speit oder wie toxisch die Gedanken eines streitsüchtigen Quertreibers sind: Stellen Sie Ihre Ohren auf Durchzug. Bieten Sie dem anderen nicht das, was er will: Ihre Aufmerksamkeit.

Sich nicht rechtfertigen

Sicherlich haben Sie auch schon einmal die Erfahrung gemacht, wie Ihre Rechtfertigungen ihr Ziel verfehlt haben. Denn wenn Sie sich rechtfertigen, stellen Sie die Aussage des anderen – genauer gesagt dessen Wahrnehmung – in Frage. Das wird fast immer als Kritik aufgefasst und damit persönlich genommen – von schwierigen Menschen besonders. Erkennen Sie die Wahrnehmung Ihres Gegenübers an und dann schildern Sie Ihre.

Nicht laut werden

Sie werden nicht besser gehört, wenn Sie lauter werden, ganz im Gegenteil: Herumzubrüllen wird eher als Beweis für Unterlegenheit wahrgenommen. Wer schreit, hat schon verloren. Selbst das beste Argument verliert seine Wirkung, wenn es schreiend vorgetragen wird. Sie verlieren Glaubwürdigkeit, Respekt und Integrität.

Zudem erzeugt Gewalt Gegengewalt. Gebrüll ist nichts anders als Gewalt in Worten. Das kann schnell nach hinten losgehen. Böswillige Gesprächspartner werden zum Beispiel eine solche Entgleisung nutzen, um *Sie* als Choleriker darzustellen oder um Sie, mit dem Hinweis auf eine wohl schlechte Kinderstube, zu verunsichern.

Warten Sie, bis der Choleriker sich ausgebrüllt hat. Gegenargumente – auch sachliche – machen ihn nur noch wütender. Gleiches gilt für alle anderen dramatisch-emotionalen Zeitgenossen: Lassen Sie dem anderen etwas Zeit, um wieder halbwegs runterzukommen. Vorher können Sie sowieso nicht mit ihm sprechen. Eine ängstliche Person bekommen Sie mit Geschrei zudem nicht zum Sprechen, da müssen Sie sich ebenfalls in Geduld üben. Hier geht es aber eher darum, dem anderen ein sicheres Gefühl und Vertrauen zu geben, damit er sich ermutigt fühlt.

Nicht das Feuer schüren

Zugegeben, es ist oft schwer, nicht zum Gegenschlag auszuholen, sich ironische, zynische, freche oder sonst wie eskalierende Bemerkungen zu verkneifen. Schwächen Sie Ihre Position nicht durch Gegenprovokationen. Konzentrieren Sie sich beim Sprechen auf Ich-Botschaften und generalisieren Sie nicht. Nutzen Sie keine Verallgemeinerungen à la „Nie kann man dir etwas recht machen" – das heizt den Konflikt an und kann schlimmstenfalls irgendwann später gegen Sie verwendet werden. Gehen Sie bloß nicht auf die verbalen Attacken ein. Denken Sie an den Brückenpfeiler: ignorieren!

> Schwierige Menschen suchen Aufmerksamkeit. Wenn sie von Ihnen keine bekommen, suchen sie sich ein anderes Opfer.

Schwierige Personen wollen Aufmerksamkeit. Wenn sie erkennen, dass sie die von Ihnen nicht bekommen, suchen sie sich meistens einen anderen, der auf sie reagiert.

Nicht fluchen

Wer flucht oder auf Kraftausdrücke und Fäkaliensprache zurückgreift, schwächt seine Position. Indem Sie sich sprachlich auf ein tiefes Niveau begeben, büßen Sie Respekt ein, egal ob der andere das ebenfalls macht. Ähnlich wie beim Schreien zeugen auch Schimpfwörter von Hilflosigkeit. Man weiß seine Argumente nicht sprachlich rüberzubringen und wirkt schnell grobschlächtig, wenn nicht sogar dumm.

Darüber hinaus wirkt es sich negativ auf Sie selbst aus, wenn Sie sich dauerhaft auf einem solchen Sprachniveau bewegen. Es verändert Ihre Wahrnehmung und damit auch Ihre Stimmung und Ihr Verhalten. Lesen Sie dazu mehr ab Seite 143.

Nicht lästern

Das Verhalten von nervigen Mitmenschen zu erörtern kann ein kurzweiliger Zeitvertreib sein und ein Ventil, um Frust und Ärger loszuwerden. Ein solches Verhalten wirkt aber schnell unprofessionell, vor allem wenn es überhandnimmt. Wenn es ganz dumm läuft und abfällige Kommentare in die falschen Ohren geraten, schaden Sie sich selbst.

Nicht anstecken lassen

So wie gute Laune ansteckend ist, überträgt sich auch Negativität. Sei es, dass man ständig auf der Hut vor möglichen Angriffen und Kollisionen ist oder einen die Attacken, Beleidigungen und Unhöflichkeiten zu sehr beschäftigen. Sei es, dass man von anderen in Probleme reingezogen wird, die nicht die eigenen sind. Natürlich sollten Sie Ihren Freunden oder Kollegen zuhören, wenn sie Ärger oder Kummer haben. Aber achten Sie auf Energievampire, die Sie mit ihren Geschichten und Lästereien belagern oder versuchen, Sie zum Verfechter ihrer eigenen Sache zu machen. Wer ständig so in Anspruch genommen wird, ermüdet mental und läuft Gefahr, sich anderen gegenüber genauso forsch und rüpelhaft zu verhalten. Am Ende werden Sie selbst noch als schwierig abgestempelt. Ein Teufelskreis, in den Sie besser nicht geraten.

Seien Sie also auf der Hut, wenn Sie feststellen, dass Sie morgens noch gut gelaunt und fröhlich zur Arbeit gegangen sind und spätestens am

Nachmittag schlechte Laune haben, deren Ursprungsquelle Sie sich nicht erklären können. Möglicherweise wurden Sie unbewusst von einem Dauernörgler, Jammerlappen oder Schwarzseher angesteckt.

Kein falsches Lächeln

In stressigen Situationen, in denen einem partout nichts einfallen mag, was man sagen oder wie man reagieren soll, fangen viele Menschen an zu lächeln. Grundsätzlich ist dagegen nichts einzuwenden: Wer lächelt, beißt nicht. Hüten Sie sich aber vor einem falschen oder überlegenen Lächeln. Ihr Gegenüber merkt das und am Ende wird Ihnen vorgeworfen, dass Sie den anderen provozieren wollen oder ihn nicht ernst nehmen.

Den anderen nicht ändern wollen

So ärgerlich und nervtötend schwierige Menschen sein können, so sehr wecken viele in uns auch Mitgefühl. Neurotiker oder Drama-Queens schaffen das sicherlich schneller als Choleriker, aber selbst die tun einem irgendwie leid. Oft tut es einem im Herzen weh zu sehen, wie manche Menschen sich selbst sabotieren. Kann man denen nicht helfen, mehr Lebensfreude zu spüren? Dann sind sie doch bestimmt netter. Die schlichte und sehr nüchterne Antwort ist: Nein! Hoffen Sie bitte nicht darauf, den anderen verändern oder retten zu können. Die einzige Person, die Sie verändern können, sind Sie selbst. Genauso muss der andere von sich aus eine Veränderung wollen. Alles andere ist vergebliche Liebesmüh. Sollte der andere

> Hoffen Sie nicht darauf, einen anderen Menschen ändern zu können.

tatsächlich an sich arbeiten wollen, unterstützen Sie ihn selbstverständlich. Aber auch nur dann!

Nicht sich selbst die Schuld geben

Wenn Sie mit einer schwierigen Person zusammengerasselt sind, dann geben Sie sich nicht die Schuld für die Situation. Selbst dann nicht, wenn Ihr Gegenüber in Tränen ausgebrochen ist. Sortieren Sie Ihre Gefühle, um Klarheit zu schaffen, was da eigentlich passiert ist. Im Umgang mit schwierigen Zeitgenossen auch mal zu versagen oder nicht adäquat zu reagieren, ist normal und zutiefst menschlich. Das ist weder ein Zeichen von schlechter Menschenkenntnis noch von fehlender Selbstbeherrschung. Manchmal hat man einfach einen schlechten Tag, und es fehlt einem die Kraft, sich so zu verhalten, wie man es sich wünscht.

So verhalten Sie sich

Nun kommen wir zu dem, was Sie aktiv tun können, wenn Sie auf einen schwierigen Menschen treffen. Welche Reaktionen sind konstruktiv? Was hilft, die Situation zu entschärfen? Wie kann es gelingen, dass Sie nach der Begegnung kein schlechtes Gefühl haben und sich nicht ärgern?

Gleich vorweg: Selbst versierte Profis mit vollendeten sozialen Kompetenzen oder Personen mit vollkommener Buddha-Ruhe können an einem Menschen mit unmöglichen Verhalten scheitern. Verabschieden Sie sich also bitte gleich von jeglichem Wunsch nach Perfektion. Nehmen Sie einen vermeintlichen Misserfolg als Zwischenstufe auf Ihrer Treppe zum gewünschten Ziel. Das ist weder Schönfärberei noch ein zwanghafter Blick durch rosa Brillengläser. Ohne hin und wieder mal ins Stolpern zu kommen, lernen wir nicht dazu und können uns nicht verbessern. Nehmen Sie also einen Misserfolg als Lernchance.

Lassen Sie den anderen ins Leere laufen

Beherzigen Sie die Empfehlungen aus dem Kapitel „So reagieren Sie besser nicht" und kontrollieren Sie sich gut. Zeigen Sie keine Schwächen und befeuern Sie die Provokation, die Abwertung, die Anklage usw. Ihres Gegenübers nicht mit Gegenargumenten – egal, wie vernünftig oder richtig diese sind. Vor allem bei Egoisten, Besserwissern, Querulanten oder Cholerikern kommen Sie so in eine Endlosschleife inklusive Dauerbefeuerung.

Seien Sie darauf gefasst, dass Ihr Gegenüber möglicherweise erst recht alle Register ziehen wird, um Sie aus der Fassung zu bringen. Lassen Sie den anderen lieber mit kleinstmöglichen Reaktionen ins Leere laufen. Sie behalten so die Oberhand über die Situation und zeigen gleichzeitig, dass Sie sein Verhalten nicht tolerieren. Vielleicht beruhigt sich der andere sogar durch die vielen kleinen, ruhigen Schritte.

Passiert Ihnen im Gespräch ein Fauxpas oder sonstiger Schnitzer, dann geben Sie ihn schnellstmöglich zu. Nehmen Sie dem anderen sofort den Wind aus den Segeln. Sie zeigen damit Rückgrat und Selbstvertrauen.

Bleiben Sie höflich

Höflichkeit hat beim Umgang mit schwierigen Menschen meist eine positive Wirkung. Gegenüber ängstlich-vermeidenden Menschen kann sie sehr respekteinflößend wirken. Gegenüber dramatisch-emotionalen Menschen wirkt sie besänftigend, sofern Sie sich nicht devot verhalten. Aggressive Menschen sind oftmals verblüfft, wenn sie auf Höflichkeit treffen, da sie anderes gewohnt sind.

Höflich zu bleiben hilft nicht nur Ihnen, Ihr Gesicht zu bewahren, sondern auch der anderen Person. Sich auf das Niveau des anderen zu begeben und ihn bloßzustellen oder ihn ebenfalls zu beleidigen, ist nur ein kurzer Triumph. Eher werden Sie den dauerhaften Groll des anderen auf sich ziehen und ihm eine Plattform für Gegenangriffe bieten.

Wenden Sie sich zum Beispiel dem anderen zu und schenken Sie ihm Ihre Aufmerksamkeit. Bieten Sie ihm vielleicht etwas zu trinken oder zu essen an. Allein die Punkte des vorangegangenen Kapitels zu befolgen, wie zum Beispiel nicht laut zu werden oder zu fluchen, können die Situation entschärfen.

Seien Sie respektvoll

Ohne Respekt ist eine produktive Zusammenarbeit kaum möglich, was insbesondere im Berufsleben wichtig ist. Seien Sie daher respektvoll, gleichgültig, wie nervig der andere ist oder ob er es verdient hat oder nicht. Akzeptieren Sie das Verhalten des anderen, auch wenn Sie es ablehnen. Das macht Sie weder zum Ja-Sager noch zum Schleimer. Fehlender Respekt wird den anderen nicht zum

Umdenken bringen. Eher wird es ihn provozieren. Zeigen Sie lieber Rückgrat. Mit Respekt und Höflichkeit haben Sie eine bessere Chance, das typische Verhaltensmuster des anderen zu durchbrechen, als wenn Sie verständnislos den Kopf schütteln, genervt die Augen rollen oder schnippische Antworten geben.

> Akzeptieren Sie das Verhalten des anderen, auch wenn Sie es ablehnen.

Setzen Sie Grenzen

Keiner hat das Recht, Sie schlecht zu behandeln. Wahren Sie Ihre Integrität. Weder unterschiedliche Meinungen noch Animositäten geben jemandem das Recht, Sie anzubrüllen. Niemand hat die Befugnis, Sie mit Lästereien oder Dauerzynismus zu belästigen. Gleiches gilt für hollywoodreife Träneneinlagen oder andere Manipulationsversuche, um Sie in den emotionalen Würgegriff zu nehmen. Setzen Sie möglichst schnell Grenzen! Lassen Sie auch keine Ausreden zu, die Sie zu faulen Kompromisse verführen.

Erklären Sie Ihren Standpunkt höflich, sachlich und frei von Rechtfertigungen. Zum Beispiel, dass es bestimmte Verhaltensweisen und Handlungen gibt, die für Sie inakzeptabel sind. Seien Sie dabei klar in der Kommunikation – egal, wie schwer das ist: „Reden Sie so nicht mit mir" oder „Ich lästere nicht über andere." Seien Sie darauf vorbereitet, dass der andere versuchen wird, Druck auf Sie auszuüben, wie „Für wen halten Sie sich?" oder „Jetzt hab dich doch nicht so. Ist doch nur ein harmloser Spaß." Gehen Sie nicht darauf ein. Bleiben Sie bei Ihrem Standpunkt. Sie müssen sich nicht dafür rechtfertigen.

Speziell gegenüber Mimosen und Drama-Queens müssen Sie klar und unmissverständlich sein, sonst sind Sie mitten drin im nächsten Drama: „Keiner liebt mich" oder „Wenigstens du musst mich verstehen" usw. Machen Sie das Theater nicht mit! Ebenso wenig, wenn der andere schweres Geschütz auffährt und mit Trennung, Liebesentzug oder gar Selbstmord droht. Gleiches gilt für körperliche Beschwerden, wie Bauch- oder Kopfschmerzen, Ohnmachtsanfälle oder Ausschläge. Bieten Sie ihm an, ihn zum Arzt zu bringen. Dieser Vorschlag wird Ihnen zudem Gewissheit bringen, ob die Beschwerden echt sind oder nur vorgetäuscht, um Sie zu manipulieren.

Sollte Ihr Gegenüber ein Choleriker sein, dann sprechen Sie in einer „Ruhephase" mit ihm darüber, wie verletzend seine Worte oder sein Verhalten ist. Erwarten Sie aber keine Entschuldigung, für einen Choleriker, Rechthaber oder Besserwisser ist das nahezu unmöglich. Jedoch soll er wissen, dass er keinen Freifahrtschein hat, ähnliche Beleidigungen zu wiederholen. Tun Sie das auch, wenn der Wüterich Ihr Vorgesetzter ist. Sein Verhalten ist unprofessionell. Wenn sich nichts ändert, müssen Sie in letzter Konsequenz einen Personalverantwortlichen hinzuziehen. Jedes Unternehmen hat gegenüber seinen Mitarbeitern eine Sorgfaltspflicht. Tobsuchtsanfälle vergiften das Betriebsklima und gefährden die Motivation der Beschäftigten.

Kommunizieren Sie klar

Kommunizieren Sie Ihre Bedürfnisse klar und bestimmt. Lassen Sie dabei keine Interpretationsmöglichkeiten zu, sodass Ihnen am Ende die Worte im Mund verdreht werden. Meiden Sie Schachtelsätze, Wortungetüme oder Zahlenschlachten.

Bei den unsicheren Neurotikern ist es zum Beispiel wichtig, ihnen in Konfliktgesprächen klarzumachen, dass es um die Sache geht und nicht um sie als Person. Vertreten Sie Ihre Position klar und sachlich. Freundlich gemeinte Floskeln wie „Es könnte vielleicht sein …" verunsichern den Neurotiker noch mehr.

Pflegen Sie normalerweise einen eher lockeren Umgangston, dann sollten Sie sich das vor allem bei Mimosen verkneifen. Ironie oder spaßige Sprüche können sehr leicht missverstanden werden. Ängstlich-vermeidende Menschen neigen dazu, überall Spott und Verachtung zu wittern. Kommunizieren Sie daher klar und sachlich und fragen Sie immer wieder mal nach, wie es dem anderen geht. Dann weiß die Mimose, dass Sie ihr wohlgesonnen sind.

Schaffen Sie Distanz

Halten Sie gefühlsmäßig Distanz, vor allem, wenn Sie normalerweise sehr mitfühlend sind. Insbesondere empathische Menschen laufen Gefahr, von Emotionsvampiren ausgesaugt zu werden oder in die Fänge von kontrollsüchtigen Menschen zu geraten. Diese absorbieren Ihre gesamte Aufmerksamkeit und projizieren ihr Problem auf Sie. Sie können jemandem mitfühlend zuhören, aber lassen Sie sein Problem nicht zu Ihrem werden. Sobald Sie merken, dass genau das geschieht, spielen Sie den Ball sofort zurück und fragen zum Beispiel: „Was genau möchtest du jetzt von mir?" Falls der andere darauf eine konkrete Antwort hat, können Sie entscheiden, ob Sie ihm helfen wollen oder nicht. Wahrscheinlich wird er aber ein wenig herumstottern, was Ihnen zeigt, dass Sie nur als Psycho-Mülleimer dienen sollten.

WERDEN SIE ZUM ADLER

Gehen Sie beim Zuhören in die Vogelperspektive. Stellen Sie sich vor, wie Sie aus der Situation heraustreten und wie ein Adler ruhig und gelassen über dem Kopf des anderen kreisen. Auf diese Weise können Sie sich einfach und schnell von der Meinung und dem Verhalten des anderen distanzieren.

Ob Ihr Gegenüber Sie anschreit, irgendwelcher Dinge beschuldigt, Sie mit endlosen Geschichten nervt oder mit seinen Problemen belästigt – indem Sie Distanz aufbauen, bleiben Sie sachlich und lassen sich zu keiner Reaktion provozieren, die Sie später bereuen.

Beobachten Sie den anderen genau

Das mag paradox klingen, insbesondere wenn vor Ihnen ein Berserker mit Kraftausdrücken um sich wirft. Aber vielleicht kommen Sie so der Ursache seines Verhaltens näher: Warum verhält er sich so? Was will er wirklich? Warum rastet der schon wieder aus oder macht aus allem ein Drama? Halten Sie Ausschau nach den versteckten Bedürfnissen. Das lenkt Sie von Tonfall, Lautstärke und Theatralik ab.

Indem Sie in die Beobachterrolle gehen, befreien Sie sich auch von dem Impuls, aktiv zu werden. Zudem lenken Sie sich auf gewisse Weise ab, wenn Sie einfach nur verfolgen, was gerade passiert. Diese Ruhe kann auf den anderen erstaunliche Effekte haben. Bedenkt man, dass der Choleriker auf der Suche nach Aufmerksamkeit ist, mag er sich so vielleicht beruhigen: Durch die urteilsfreie Haltung fühlt er sich gehört und hat keinen Grund mehr, mit extremen Verhaltensweisen auf sich aufmerksam zu machen. Möglicherweise langweilt es ihn auch mit der Zeit und er sucht sich jemand anderen, der (unbewusst) dazu bereit ist, auf ihn zu reagieren.

Achten Sie auf Manipulationsversuche

Lassen Sie sich nicht um den Finger wickeln. Narzissten oder Psychopathen sind Meister darin, Sie mit Charme und Nettigkeiten gefügig zu machen. Vertrauen Sie da auf Ihr Bauchgefühl. Katherine Fowler von den amerikanischen National Institutes of Health hat nachgewiesen, dass die meisten Menschen Psychopathen intuitiv erkennen können. Das gelang ihr durch eine Versuchsreihe mit kurzen Videoaufnahmen von Strafgefangenen, die von Probanden angeschaut und bewertet wurden. Die Zuschauer konnten erstaunlich treffsicher sagen, bei welchen Häftlingen es sich um Psychopathen handelte. Je kürzer die Videos, desto höher die Trefferquote. Die besten Ergebnisse erzielten Aufnahmen von fünf Sekunden. Fowler erklärt das Ergebnis so, dass sich die Versuchsteilnehmer bei den kurzen Videos mehr auf ihre Intuition verlassen mussten. Mit mehr Zeit schwand das anfängliche Misstrauen und wurde womöglich vom Charme des Psychopathen verdrängt.

> Vertrauen Sie auf Ihren Instinkt und grenzen Sie sich von manipulativen Menschen ab.

Es gibt nicht wenige nervige Menschen, die sich gerne als Opfer darstellen, um durch das Verdrehen der Tatsachen andere zu manipulieren. Diese Opfertypen rechtfertigen gerne schlechtes Verhalten damit, dass sie selbst verletzt wurden oder ihnen gar Grausames widerfahren ist. Wenn ein solcher Mensch eine halbe Stunde zu spät im Restaurant erscheint, dann erwartet er Ihr Mitgefühl, da ihm mit Sicherheit etwas „ganz Schlimmes" widerfahren ist. Die Tatsache, dass Sie der Leidtragende sind, wird dabei nicht gewürdigt. Lassen Sie eine solche Opfergeschichte nicht als Ausrede durchgehen. Bieten Sie lieber praktische Hilfe als Ihr Mitleid an.

Nicht nur Psychopathen und Narzissten neigen zu Manipulationen. Wir alle versuchen immer mal wieder, andere zu beeinflussen. Wichtig ist zu erkennen, wie subtil das manchmal abläuft. Vielleicht hatten Sie auch schon Arbeitskollegen, die liebenswürdig, aber total verpeilt waren, weswegen Ihr Chef immer Ihnen die schwierigen Aufgaben gegeben hat. Oder der ewig Gestresste, der ständig höchste Betriebsamkeit demonstriert und stets am Limit ist, weswegen anfallende Zusatzaufgaben selbstverständlich immer Ihnen übertragen wurden – wenn nicht sogar Teile von seinem Arbeitsbereich. Analysieren Sie solche Vorkommnisse nach auffälligen Mustern und wehren Sie sich.

Erkennen Sie Muster, dann scheuen Sie sich nicht, diese anzusprechen. Falls Sie sich nicht sicher sind, können Sie sich mit einer Vertrauensperson besprechen oder die Muster zu Papier bringen. Etwas aufzuschreiben bringt oft eine größere Klarheit. Nennen Sie Ihre Beobachtungen beim Namen und lassen Sie denjenigen, der Sie manipuliert, ruhig wissen, dass Sie ihn und die Situation durchblicken. Indem Sie die Karten auf den Tisch legen, wird er nicht raffinierter. Meistens ist das eher der Punkt, an dem er anfängt, sich in seinen eigenen Lügen zu verstricken.

Schweigen Sie

Die norwegischen Psychologen Carsta Simon und William Baum von der Oslo and Akershus University sind der Frage nachgegangen, was wir tun können, um die Dynamik eines Gesprächs in unserem Sinne zu verändern. Sie kamen bei ihren Untersuchungen immer wieder zum gleichen Punkt: Es ist unsere Zustimmung, die den Verlauf eines Gesprächs beeinflusst. Die einfachste Form der Zustimmung ist Kopfnicken – wie schnell ist das passiert!

Vielleicht haben Sie es schon einmal erlebt, dass Sie den Redefluss des andern durch einen leicht genervten Grummelton oder indem Sie die Augen verdreht haben stoppen wollten – was aber nicht funktioniert hat. Falls Ihre Körpersignale von einem leichten Kopfnicken begleitet waren, hat der andere sie wahrscheinlich nicht oder falsch verstanden. Zum einen sind die Negativsignale halbherzig (man will ja höflich bleiben), und zum anderen ermuntert das Nicken. Der Gesprächspartner wird höchstens etwas irritiert sein, sofern er über halbwegs gute emotionale Antennen verfügt. In solch einer Situation hilft es auch nicht, woanders hinzuschauen oder mit den Füßen zu scharren. Die Konditionierung „Kopfnicken" gleich „er/sie hört mir zu" *und* „ich soll weiterreden" ist stärker als andere Reize.

Unsere Zustimmung – zum Beispiel durch Kopfnicken – beeinflusst den Verlauf eines Gesprächs.

Die norwegische Verhaltensstudie zeigt, dass einzig Schweigen und fehlende Körpersprache den Redefluss ausbremsen kann. Menschen sprechen weniger, wenn sie spüren, dass andere im Gespräch ungewöhnlich ruhig sind. Lassen Sie sich auch nicht durch rhetorische Fragen oder aufgezwungene Zustimmung (Nicht wahr? Gell? Oder?) zu einer Reaktion verleiten.

Bedenken Sie: Schweigen ist keine Zustimmung. Sie müssen nicht schlagfertig sein. Sie können auch nonverbal im Geschehen bleiben. Mehr dazu lesen Sie ab Seite 151.

EINFACH UND EFFEKTIV: BEWUSST ATMEN

So banal es klingen mag: Der effektivste Weg, um Ruhe zu bewahren, ist bewusstes Atmen. Allein schon durch den Gedanken „Atmen!" verlangsamen Sie die Sogkraft der aufkeimenden negativen Gefühle. Neigen Sie dazu zu explodieren, gibt Ihnen der kurze Moment des Atmens wichtige Sekunden, um ruhig bleiben zu können. Neigen Sie dazu zu implodieren, dann können Ihnen diese wenigen Sekunden die Kraft geben, nicht zu resignieren und die Flucht nach innen anzutreten. Das Atmen verschafft Ihnen eine wichtige Bedenkzeit, die es Ihnen ermöglicht, sachlich zu reagieren.

Eine schnelle Soforthilfe – vor allem bei plötzlichen Attacken – ist folgender Wenn-Dann-Plan: „Wenn mich jemand persönlich angreift, dann sage ich Stopp und atme tief durch." Stellen Sie sich dazu am besten ein Stoppschild vor. In Studien zu Stressmanagement wurde belegt, dass allein die Vorstellung eines Stoppschildes hilft, innere Ruhe in die Situation zu bringen. Mehr über Wenn-Dann-Pläne erfahren Sie ab Seite 173.

Nutzen Sie die Ausdruckskraft Ihres Körpers

Vermeiden Sie eine provozierende Körpersprache wie zum Beispiel mit dem Finger zeigen, aggressive Gesten oder das Gegenüber mit dem Blick zu fixieren. Dazu gehört auch verächtliche Mimik. Besser ist es, ein Pokerface aufzusetzen. Zu schnelles Sprechen kann als Nervosität ausgelegt werden und starkes Gestikulieren als hysterisch.

Bewegen Sie sich ruhig, sprechen Sie langsam und in einem sanften Ton. Nehmen Sie sprichwörtlich Haltung an: Rücken lang und gerade, Schultern runter und nach hinten, Kinn etwas anheben.

Eine offene und freundliche Körperhaltung kann Sie nach außen und innen mehr unterstützen, als wenn Sie in den Abwehrmodus gehen. Wer aufrecht steht, dem wird mehr Respekt entgegengebracht. Mehr dazu, wie uns unser Körper unterstützen kann, lesen Sie ab Seite 151 und 168.

Sprechen Sie das konkrete Verhalten an

Beschreiben Sie Ihrem Gegenüber ganz nüchtern und sachlich, was Sie an ihm beobachten und welche Wirkung sein Verhalten auf Sie hat. Sie können zum Beispiel einem Besserwisser oder Querulanten erklären, dass Sie zwar an einem Austausch interessiert sind, aber in Zukunft seine Art der „Wissens-Unterstützung" nicht mehr möchten. Wenn dieser dann versucht, sich zu rechtfertigen, dass er es ja nur gut meint und doch Recht hat, dann lassen Sie sich nicht auf diese Diskussion ein. Bleiben Sie bei seinem Verhalten. Sie können auch den Spieß umdrehen und fragen, wie er sich fühlen würde, wenn jemand ihn ständig korrigieren und verbessern würde. In der Hoffnung auf Selbstreflexion kann das vielleicht eine Verhaltensänderung bewirken.

Bleiben Sie aller Unsachlichkeit zum Trotz sachlich. Vor allem bei Neunmalklugen, Erbsenzählern und Cholerikern hat sich die „Gerade-weil-Methode" als wirksam erwiesen. Bei dieser Technik greifen Sie die unsachliche Aussage Ihres Gegenübers auf und stellen sie mit objektiven Argumenten in einen sachlichen Kontext, wodurch sie Ihre eigene Aussage unterstützt. „Gerade weil Sie der Ansicht sind, dass ..., wird ..." Dabei muss ein Zusammenhang zwischen Einwand und dargestelltem Argument bestehen, sonst gießen Sie Öl ins Feuer. Ihr Ziel ist es, zu einem sachlichen Austausch (zurück)zufinden.

Wenn beispielsweise Ihr besserwisserischer Nörgel-Kollege Ihren Sparvorschlag als utopisch abschmettern will mit „Die paar eingesparten Euro werden uns auch nicht retten", hilft die „Gerade-Weil-Methode. „Gerade weil wir jeden Euro brauchen, sollten wir nach noch mehr kleinen Schritten suchen. Kleinvieh macht auch Mist." Oder wenn ein erbsenzählender Kollege meint „Das Design ist zwar schön, entspricht aber nicht unserer Firmen-Policy" – „Gerade weil das schöne Design nicht der aktuellen Firmen-Policy entspricht, sollten wir diese überdenken."

Nutzen Sie Ich-Sätze

Du-Botschaften wirken provozierend, Ich-Botschaften deeskalierend. Mit der Aussage „Das stimmt nicht, was du sagst" werten Sie Ihr Gegenüber ab, fordern geradezu heraus, dass es sich rechtfertigt. Hingegen bringen Sie mit dem Satz „Ich habe das anders erlebt und wahrgenommen" das Gespräch auf eine sachliche Ebene.

Überhören Sie Provokationen

Überhören Sie jegliche Provokationen und Angriffe. Gehen Sie nur auf den Sachinhalt der Äußerung ein. Sagt Ihr Gesprächspartner in einem arrogant-geringschätzigen Ton zu Ihnen „Das ist doch wohl nicht Ihr Ernst, dass …?", dann überhören Sie die Provokation. Kontern Sie sachlich: „Genau das denke ich und ich erkläre Ihnen auch gerne, warum." Lassen Sie sich nicht vom anderen in seinen negativen Strudel ziehen.

Wechseln Sie auf die Metaebene

Wenn das Gespräch abdriftet und Ihr Gegenüber beleidigend oder verletzend wird, hilft der Wechsel auf die Metaebene. Ganz vereinfacht bedeutet das, dass man über das Sprechen spricht. Sie benennen damit, was stört, ohne auf die Beleidigung einzugehen oder den anderen direkt anzugreifen, wie zum Beispiel „Wir bleiben bitte sachlich" oder „Ist das die Art, wie wir miteinander sprechen wollen?"

Stellen Sie Fragen

Sobald Sie sich unsicher oder nervös fühlen, stellen Sie Fragen, damit gewinnen Sie Zeit und Aufmerksamkeit. Nicht umsonst lautet eine alte Managerregel: „Wer fragt, der führt." Wenn Sie Fragen stellen, kann es zudem nicht passieren, dass Sie dem anderen durch Ihre Antworten ungewollt neue Munition liefern. Bremsen Sie einen Dauernörgler mit der Frage aus: „Was ist deine Lösung zum Problem?" Eine Lästertante stoppen Sie mit der Frage: „Inwieweit bringt es Eva etwas, wenn du mir von ihrem Verhalten auf der Firmenfeier erzählst?"

Gehen Sie auch manchmal in die Offensive und hinterfragen Sie das Gesagte. Konkurrierende Typen und Besserwisser kennen sich zwar gut in ihren Themengebieten aus, doch auch ihr Wissen kommt einmal an Grenzen. Hinterfragen Sie daher ihre Aussagen und gehen Sie ruhig immer tiefer ins Detail. „Woher haben Sie diese Informationen?" oder „Können Sie dazu ein Beispiel nennen?" Die meisten selbsternannten Experten geraten dabei ins Stolpern und wissen selbst nicht mehr weiter.

> Wenn Sie Fragen stellen, gewinnen Sie Zeit und erhalten Aufmerksamkeit.

Gleichzeitig zeigen Fragen auch, dass man (vielleicht sogar ehrliches) Interesse an den Themen des anderen hat. „Was ist Ihr Vorschlag, um das komplizierte Projekt erfolgreich zu stemmen?" Schwierige Menschen lechzen nach Aufmerksamkeit. Günstigenfalls wird sich Ihr Gegenüber durch Ihre Fragen geschmeichelt fühlen, was ihn vielleicht zu einem freundlicheren Umgang mit Ihnen beflügelt.

Überraschen Sie den anderen

Denken Sie an das chinesische Sprichwort: „Wenn du den Feind nicht schlagen kannst, dann verwirre ihn." Überraschen Sie den Dauernörgler oder Choleriker mit einer Aktion, die ihn ablenkt. Bieten Sie ihm Schokolade an, machen Sie ihm ein Kompliment für seine Armbanduhr oder bringen Sie ihn mit einer paradoxen Intervention aus dem Konzept. Paradoxe Intervention bedeutet, dass man sich vollkommen anders verhält als erwartet. Droht Ihnen jemand mit Gewalt, sagen Sie zum Beispiel: „Ich bin kein interessanter Gegner für dich. Ein Schlag und ich falle um wie ein Sack Mehl." Damit können Sie die Emotionen drosseln.

Übrigens hat Brad Bushman, Professor für Kommunikation und Psychologie an der Ohio State University, mittels unabhängiger Studien mit insgesamt 2250 Probanden herausgefunden, wie man Narzissten überrascht und entlarvt: Fragen Sie ihn, ob er ein Narzisst ist! Je narzisstischer er ist, desto eher wird er die Frage bejahen. Selbstverliebt wie er ist, wird es ihn mit Stolz und nicht mit Scham erfüllen, einer zu sein.

Eine weitere Möglichkeit, den anderen zu überraschen, ist, das Gesprächsthema zu wechseln. Zum Beispiel, indem Sie an einen Teilaspekt der Aussage anknüpfen, aber ein anderes Thema aufgreifen. Fängt Ihr Erbsenzähler-Kollege gerade damit an, über die Arbeitskollegen in England zu lästern „Von unseren Firmenrichtlinien habe die Kollegen in London wohl noch nie etwas gehört", können Sie kontern „Als ich das letzte Mal in London war, habe ich mit den Kollegen ein ganz wunderbares Theaterstück besucht. Eine Komödie, in der ..." Die Chance ist groß, dass er nicht mehr auf das Thema zurückkommt.

> Wechseln Sie das Thema, indem Sie an einen Teilaspekt der Aussage anknüpfen, aber nicht an dem, der Ihr Gegenüber interessiert.

Loben Sie, wenn etwas zu loben ist

Schwierige Menschen brauchen Bestätigung und viel Aufmerksamkeit – im Grunde sind sie unsicher und eher einsam. Auch wenn es Ihnen widerstrebt: Bieten Sie ihnen zuweilen die Bühne, nach der sie streben. Hören Sie aufmerksam zu, und falls Ihr Gegenüber etwas Sinnvolles sagt, dann geben Sie eine positive Rückmeldung. Ein Lob oder Kompliment öffnet den anderen und macht ihn möglicherweise zugänglicher für Gegenargumente. Bleiben Sie dabei freundlich und halten Sie Augenkontakt, ohne zu fixieren. Lassen Sie nicht zu, dass der andere Sie dominiert.

Nutzen Sie die Spiegeltechnik

Nutzen Sie in ruhigen Momenten die Spiegeltechnik, auch bekannt als Chamäleon-Effekt, um Sympathie und Vertrauen zu schaffen.

Ahmen Sie also die Körperhaltung, Gestik oder Mimik Ihres Quälgeistes dezent nach. Insbesondere Mikrogesten wie Lächeln, Gähnen, Nasekratzen wirken sehr ansteckend.

Damit stellen Sie eine Verbindung zwischen sich und Ihrem Gesprächspartner her. Es ist wissenschaftlich belegt, dass wir jemanden umso sympathischer finden, je ähnlicher er uns ist.

Setzen Sie sich genauso auf den Stuhl wie Ihr Gegenüber und passen Sie sich seiner Körperhaltung, seiner Wortwahl und seiner Sprechgeschwindigkeit an. Möglicherweise schaffen Sie so mit der Zeit eine vertrauliche Atmosphäre, die den anderen irgendwann unbewusst dazu veranlasst, Sie zu imitieren.

Bitten Sie um eine Denkpause

Manchmal ist der Ärger oder die Ohnmacht kaum auszuhalten. Da ist es legitim, um eine kurze Auszeit zu bitten und vielleicht auch den Ort zu wechseln. Kurz innerlich und äußerlich einen Schritt zurückzutreten, ist besser, als am Ende etwas zu sagen, was man später bereut. „Das Gespräch bringt uns so nicht weiter. Lass uns bitte in einer Stunde weitersprechen." Seien Sie dann nach dieser Pause wirklich wieder da und gesprächsbereit. Je nach Schwere des Zerwürfnisses ist es vollkommen zulässig, auch um eine weitere Vertagung zu bitten: „Ich denke, in der Stimmung sollten wir nicht weitermachen. Lass uns morgen Vormittag nochmals darüber sprechen." Suchen Sie sich für die Fortführung am besten einen neutralen Ort oder verbinden Sie das Gespräch mit einer Aktivität, wie zum Beispiel einem Spaziergang.

Treten Sie den Rückzug an

Ein Gesprächsabbruch mag vielleicht feige oder wie eine Flucht wirken, ist aber eine legitime Möglichkeit, deren Botschaft möglicherweise klarer wirkt als Worte. Flippt Ihr Gegenüber aus, ohne Hoffnung auf schnelle Beruhigung, dann verlassen Sie den Raum. Tun Sie dies mit dem Hinweis, dass Sie das Gespräch fortsetzen, wenn der andere sich beruhigt hat. Tun Sie das jedoch ohne ironischen oder sarkastischen Unterton.

Diese Strategie funktioniert gut bei Cholerikern, Besserwissern, Querulanten oder Dauernörglern. Gegenüber Hypersensiblen, Mimosen und Neurotikern sollten Sie sie jedoch mit äußerstem Bedacht anwenden. Deren Verfolgungswahn oder Verlustangst kann sie noch skeptischer, ängstlicher und anhänglicher machen. Fragen Sie in diesen Fällen besser nach, ob es dem anderen nicht auch guttäte, wenn Sie das Gespräch vertagen. So vermitteln Sie ihnen das beruhigende Gefühl, dass Sie ihnen wohlgesonnen sind.

Seien Sie der bessere Mensch

Seien Sie das genaue Gegenteil der nervigen Person. Genauso wie schlechtes Verhalten uns negativ beeinflussen kann, kann ein tolerantes, geduldiges und freundliches Wesen einen guten Einfluss auf andere haben. In der Verhaltenspsychologie gibt es eine Technik, die sanft das Verhalten verändern kann: Reagieren Sie nicht mehr auf das negative Verhalten eines schwierigen Menschen, aber belohnen Sie sein positives Verhalten. Ermutigen und unterstützen Sie die Person, sich anders als gemäß ihrem typischen Muster zu verhalten.

Wenn Sie eine Streitigkeit gewonnen haben oder der andere einlenkt, dann bedanken Sie sich. Unterlassen Sie Schadenfreude oder Triumphgehabe. Besser, Sie stärken den anderen, indem Sie ihm sagen, dass er etwas Gutes zum Gelingen der Situation beigetragen hat.

So schöpfen Sie Kraft nach dem Zusammentreffen

Es gibt immer mal Situationen, die einen heftig erwischen, die einen treffen wie ein Blitz oder wie ein Schlag in die Magengrube. Da kann es schwer sein, die schlechten Schwingungen wieder loszuwerden. Je nach Temperament gehen wir unterschiedlich mit der Spannung um. Manche machen sich selbst Vorwürfe, sind nach einem Zusammenprall traurig oder sogar depressiv verstimmt. Andere reagieren grantig oder gereizt, lassen ihren Zorn am Nächstbesten aus. Wie auch immer wir reagieren: Es ist wichtig, dass wir nicht allzu lange in dieser Stimmung verharren. Denn alle Zustände haben eines gemeinsam: Sie verbrauchen jede Menge Energie und Kraft – möglicherweise die letzten Reserven, die wir nach unserem Zusammenprall mit einer schwierigen Person noch haben.

> Nach einem unangenehmen Zusammentreffen ist es wichtig, dass wir schnell wieder zu unserer Kraft finden.

Es geht also darum, dass wir zum einen die schlechten Schwingungen loswerden und zum anderen schnell wieder zu unserer Kraft finden. Dann können wir konstruktiv mit dem Erlebten umgehen. Im Folgenden stelle ich Ihnen Ideen und Möglichkeiten vor, die Sie aus dem Stand heraus nutzen können, um sich zu beruhigen und um Kraft zu tanken.

Üben Sie sich in Entspanntheit

Entspannung muss gelernt werden! Vom heiligen Franz von Sales ist der schöne Ausspruch überliefert: „Nimm dir jeden Tag eine halbe Stunde Zeit für Gott. Wenn du keine Zeit hast, dann nimm dir eine Stunde Zeit." Abwandlungen dazu können sein: „Meditiere jeden Tag 15 Minuten. Wenn du keine Zeit hast, dann meditiere eine halbe Stunde", oder: „Wenn du mächtig viel zu tun hast, dann gönne dir erst einmal eine Pause." Das klingt ziemlich paradox, denn wir leben ja in einer Zeit, in der man keine Zeit (zu haben) hat bzw. Zeit immer effektiv eingesetzt werden soll. Aber ohne kontinuierliche Auszeiten und regelmäßig angewendete Entspannungsübungen wird es kaum möglich sein, in schwierigen Situationen aus dem Stand heraus in die gewünschte Stimmung zu kommen.

Hat man eine Entspannungstechnik gelernt (Yoga, Tai-Chi, Meditation, autogenes Training), kann man diese nach – teilweise schon während – des Zusammenpralls mit einem schwierigen Zeitgenossen anwenden. Eine Entspannungsmethode zu lernen ist übrigens weder höhere Mathematik noch ein Hexenwerk. Über erste Erfolge kann man sich schon nach einer Woche freuen. Je öfter Sie üben, desto leichter wird es Ihnen gelingen, ruhig, kraftvoll und selbstsicher zu sein.

Atmen Sie bewusst

Wie bereits im vorangegangenen Kapitel geschrieben, ist unser Atmen eine wichtige Brücke, um vom Ärger in die Ruhe zu wechseln. Mit der 4-6-8-Atemtechik ist das ganz einfach.

Legen Sie Ihre dominante Hand in Höhe des Bauchnabels auf Ihren Bauch und atmen Sie in folgendem Rhythmus:
- Zählen Sie beim Einatmen bis vier.
- Halten Sie die Luft an und zählen Sie dabei bis sechs.
- Atmen Sie dann langsam aus und zählen dabei bis acht.

Kommen störende Gedanken, dann würgen Sie diese nicht ab. Lassen Sie sie einfach aufsteigen und wie Wolken weiterfliegen. Haben Sie Schwierigkeiten, sich zu konzentrieren, dann fokussieren Sie sich entweder auf Ihren Atem, zum Beispiel wie er in die Nase ein- und aus ihr hinausströmt, oder auf Ihre Hand, die auf Ihrem Bauch liegt. Wie fühlt sich die Hand an? Welche Wärme strahlt sie aus?

Sie können auch das Zählen weglassen und stattdessen kurze Sätze wie Mantras wiederholen, zum Beispiel „Ich bin stark", „Ich bin mein Fels in der Brandung", „Ich gehe meinen Weg". Sie können sich auch auf ein Wort konzentrieren und diesen Begriff bei jedem Ausatmen nennen. Nutzen Sie auch Ihre Vorstellungskraft und stellen Sie sich Ihre Gedanken oder Sätze bildlich vor.

Machen Sie eine Kurz-Meditation

Suchen Sie sich einen ruhigen Ort, wenn nötig die Toilette. Setzen Sie sich aufrecht hin, ohne sich irgendwo anzulehnen. Stellen Sie beide Füße nebeneinander auf den Boden.

Stellen Sie einen Timer (z. B. Ihr Smartphone) auf 60 Sekunden ein. Nun legen Sie Ihre Hände entspannt auf Ihre Beine, lockern Sie Ihre Schultern, neigen Sie Ihr Kinn ganz leicht zur Brust und schließen

Sie die Augen. Seien Sie für 60 Sekunden in dieser sanften Aufrichtung, in der Sie sich auf Ihren Atem konzentrieren. Schweifen die Gedanken ab, dann lenken Sie Ihren Fokus wieder auf das Ein- und Ausatmen. Wenn der Timer klingelt, öffnen Sie die Augen langsam. Recken und strecken Sie sich und gähnen Sie kurz.

Erfrischen Sie sich mit kaltem Wasser

Schnelle Linderung von einer aufgewühlten Gefühlslage verschafft kaltes Wasser, das Sie über Ihre Unterarme, vor allem über Ihre Handgelenke, laufen lassen. Die kühle Frische belebt und lenkt den Fokus vom inneren Stress auf das Fühlen der Wassertemperatur.

Trinken Sie etwas Warmes in kleinen Schlucken

Etwas Warmes in mehreren kleinen Schlucken zu trinken, beruhigt und wirkt positiv auf Ihren Kreislauf und Ihr Denkvermögen. Trinken Sie heißes Wasser oder einen ungesüßten Kräutertee. Zur Not tut es auch ein Glas lauwarmes Wasser direkt aus dem Wasserhahn.

Schütteln Sie die negative Energie ab

Fangen Sie mit den Füßen und Beinen an und schütteln Sie diese nacheinander aus. Machen Sie dann mit Ihrem Rumpf weiter und danach werden die Arme ausgeschüttelt. Zum Schluss ist der Kopf dran.

Alternativ können Sie auch die negative Energie abstreifen oder wegklopfen. Fangen Sie hier ebenfalls mit den Füßen an und arbeiten Sie sich nach oben. Ziehen Sie auch mal sachte an der Nase oder den Ohren. Schließen Sie die Übung mit einigen tiefen Atemzügen ab.

Die Mini-Version dieser Übung sieht so aus, dass Sie Ihre Hand zu Ihrem Herzen führen und symbolisch das, was Sie loswerden wollen, quasi rausreißen und wegwerfen. Wiederholen Sie diese kleine Bewegung drei- oder viermal. Wenn Sie mögen, können Sie sich dabei vorstellen, wie wieder Freiraum in Ihrem Herzen entsteht.

Hören Sie Musik oder wohltuende Klänge

Musik ist ein gewaltiger Stimulus für das Gehirn und macht nachweislich glücklich. Nach einem Streit können Sie zwar mit aggressiver Musik Ihre Wut pflegen oder sich mit traurigen Klängen im Frust suhlen, aber besser ist es, sich mit fröhlicher Musik wieder aufzubauen.

Angenehme Musik kann binnen weniger Minuten unsere Stimmung heben, uns beruhigen und uns Kraft schenken. Musik spricht unsere emotionalen Systeme im Gehirn direkt an und stimuliert sie. Nicht umsonst wird Musik auch zu therapeutischen Zwecken eingesetzt, zum Beispiel bei der Behandlung von Depressionen, Ängsten, Schmerzen oder Demenz.

Nutzen Sie auch Klänge aus der Natur. Vogelzwitscher, das Geräusch des Windes, Bachgeplätscher, Meeresrauschen oder das Prasseln von Regen – all diese Geräusche beruhigen tatsächlich. Britische Forscher ließen Probanden unterschiedliche Geräusche hören und analysierten dabei deren Stimmung. Sie stellten fest, dass diejenigen, die Naturgeräusche hörten, dadurch in einen körperlichen

Zustand von Ruhe und Gelassenheit versetzt wurden. Die Teilnehmer einer Vergleichsgruppe, die künstliche Geräusche wie Uhrenticken oder den Lärm eines Föhns hörten, reagierten mit innerer Unruhe.

Singen Sie Ihre schlechte Laune weg

Die Liste der wissenschaftlich nachgewiesenen positiven Effekte von Musik ist lang und wird jährlich länger. Dabei ist neben dem Hören von Musik oder dem Spielen eines Instruments insbesondere das Singen gesundheitsfördernd – für Körper und Geist. Wer singt, ist gesünder, lebensfroher, zuversichtlicher und tatkräftiger. Singen kann sowohl beruhigend als auch anregend wirken.

Singen (auch Trällern) ist eine Soforthilfe bei Stress. Schon 15 Minuten reichen hierfür aus. Singen stärkt die Lungenfunktion und aktiviert die Zwerchfellatmung, wodurch die Atmung tiefer wird. Dadurch erhöht sich die Sauerstoffsättigung des Blutes, was zu einer besseren Sauerstoffversorgung sämtlicher Körperzellen führt.

Bereits nach 30 Minuten Singen lässt sich eine erhöhte Ausschüttung der Botenstoffe Serotonin, Noradrenalin und Beta-Endorphine nachweisen. Diese Hormone versetzen uns in eine gehobene Stimmung und reduzieren gleichzeitig das Angst- und Schmerzerleben. Parallel werden Hormone abgebaut, die uns aggressiv und stressanfällig machen, wie Testosteron, Adrenalin und Kortisol.

Singen ist zudem eine Alternative zum Meditieren. Insbesondere das Singen von sehr einfachen Liedern mit sich wiederholenden Elementen, zum Beispiel von Mantras, führt sehr schnell und leicht zu einer Verlangsamung der Atmung und damit zur Entspannung des

Körpers. Ähnlich wie bei einer Meditation sinken die Gehirnwellen in den Alpha-Bereich ab und der Parasympathikus wird aktiviert.

Lassen Sie Stress und Ärger verduften

Keine Sinneswahrnehmung empfinden wir Menschen so unmittelbar wie das Riechen. Geruchsinformationen gelangen ohne Umwege direkt in unser Gehirn und werden in annähernd der gleichen Gehirnregion wie Emotionen verarbeitet. Gerüche bestimmen unsere Stimmung und greifen in unser Verhalten ein. Je mehr die Forschung über unseren Geruchssinn herausfindet, desto klarer wird, wie leicht wir über Düfte beeinflussbar sind. Nutzen wir dieses Wissen, um unsere Stimmung nach einem Zusammenprall mit einer nervigen oder schwierigen Person wieder aufzuhellen!

> Geben Sie ein paar Tropfen von einem hochwertigen Öl auf einen Duftstein und genießen Sie die Wirkung.

Hier zwölf wohltuende Düfte, die beruhigen und vitalisieren:
- Bergamotte macht fröhlich und ausgeglichen. In Kombination mit Lemongras hat Bergamotteöl eine anregende Wirkung.
- Eukalyptus wirkt befreiend und fördert die Konzentration.
- Ylang-Ylang wirkt aufheiternd, beruhigend und ausgleichend.
- Lavendel beruhigt und entspannt.
- Melisse beruhigt und hilft bei nervös bedingten Herzbeschwerden, Bauchschmerzen und Einschlafstörungen.
- Minze wirkt zum einen gegen Müdigkeit und Schlappheit, aber auch beruhigend.
- Neroli (Bitterorange) wirkt auf unsere Stimmung ausgleichend.
- Rose hat eine stimmungsaufhellende Wirkung und hilft gegen innere Unruhe und Anspannung.

- Rosmarin wirkt belebend und konzentrationsfördernd.
- Sandelholz gilt als beruhigend und stressabbauend. Es wirkt entspannend und stimulierend zugleich. Zudem hilft es gegen depressive Verstimmung und negative Gefühle wie Wut, Zorn und Traurigkeit.
- Orange beflügelt den Geist und hebt die Stimmung. Wie Lavendel oder Sandelholz kann es auch bei Schlafstörungen eingesetzt werden und vertreibt innere Unruhe, Angstzustände, gereizte Stimmung und Nervosität.
- Zitronengras belebt den Organismus und stärkt die Konzentrationsfähigkeit.

Gehen Sie raus ins Grüne

Die Natur bietet uns Vielfalt, ohne uns zu ermüden. Gleichzeitig ist sie auch intensiv, ohne uns zu überfordern. Sie ist immer wieder neu und anders, aber gleichzeitig auch konstant. Die Erfahrung vom Werden und Vergehen in der Natur ist für viele tröstlich, befreiend und sinnstiftend. Wie die Natur uns entspannen lässt, kann man messen: Nachweislich sinken Stresshormone, Blutdruck und Pulsschlag, wenn wir im Grünen sind. In einer Studie mit über 1000 Probanden konnten englische Wissenschaftler der University of Essex in Colchester nachweisen, dass sich körperliche Aktivitäten in der Natur positiv auf die psychische Gesundheit auswirken.

Bereits fünf Minuten Bewegung im Grünen pro Tag reichen aus, um das Risiko für psychische Leiden zu reduzieren und das Selbstwertgefühl signifikant zu verbessern. Gehen Sie also raus – selbst ein kurzer Moment auf einem kleinen, bepflanzten Balkon ist besser, als in einem geschlossenen Raum zu sein.

Bewegen Sie sich

Wer Stresshormone und Cortisol abbauen will, sollte sich bewegen. Gut erforscht ist die positive Wirkung von Spaziergängen, am besten im Grünen. Bereits zehn bis zwanzig Minuten flottes Gehen kann die Stimmung deutlich heben. Beim Gehen wird unter anderem Dopamin ausgeschüttet. Dieser sogenannte Neurotransmitter ist im Volksmund auch bekannt als Glückshormon und steuert unter anderem unser Wohlbefinden und unsere Lebensfreude.

Wenn Sie nicht gehen möchten, können Sie auch Rad fahren, Aerobic machen, Trampolin springen, tanzen oder was auch immer Ihnen Spaß macht.

Ist es Ihnen aus welchen Gründen auch immer nicht möglich, rauszugehen, helfen auch kleine Bewegungen: ein Gang in die Teeküche oder zur Toilette, kurz mal strecken und recken oder eine Tätigkeit im Stehen.

Erstellen Sie eine Liste mit leichten Tätigkeiten

Egal, ob bei Ärger im Büro oder Streit zu Hause, die nächste Tätigkeit nach einem negativen Erlebnis sollte so einfach wie möglich sein. Nach einer Auseinandersetzung können Sie sich sowieso schlecht konzentrieren, und darüber hinaus bleiben Sie durch diesen kognitiven Aufwand sehr wahrscheinlich in einer schlechten Stimmung.

Sie kommen am leichtesten in eine bessere Gefühlslage, wenn Sie etwas tun, das kaum Kopfarbeit benötigt. Erstellen Sie daher eine Liste an Tätigkeiten, die Sie beruhigen und Ihnen Energie geben. Das können ganz banale Sachen sein, wie Lieferscheine abheften,

Ablage aufräumen, Rasenmähen, Kochen oder Putzen. Wenn Sie spüren, dass Sie sich wieder auf ein neutrales Gefühl einpendeln müssen, Sie aber vor lauter Emotionen keinen klaren Gedanken fassen können, nehmen Sie die Liste zur Hand und machen das, was in diesem Moment am einfachsten umzusetzen ist.

Tun Sie sich etwas Gutes

Manchmal braucht es nur ein Schoko-Croissant, um sich nach einem Zusammenstoß mit einem schwierigen Menschen wieder zu fangen. Tun Sie sich also etwas Gutes. Essen Sie Ihre absolute Lieblingsschokolade, gönnen Sie sich eine Fußmassage, schenken Sie sich einen schönen Blumenstrauß, malen oder lesen Sie – tun Sie etwas, was Sie lieben, und zwar in aller Ruhe und mit Genuss.

Legen Sie sich eine Wohlfühlkiste an

Sammeln Sie wohltuende Erinnerungen und Dinge, die Sie fröhlich stimmen, in einer Kiste. Sachen, deren Anblick Ihnen in schwierigen Momenten guttut. Das können Post- oder Fahrkarten sein, getrocknete Blumen, Haarspangen, ein Schmuckstück, kleine Souvenirs oder schöne Fotos.

Denken Sie auch unbedingt daran, Ihre Erfolge in die Kiste zu legen. Versucht jemand Sie runterzumachen, dann schauen Sie an, was Sie alles erreicht haben. Das müssen keine Pokale oder Auszeichnungen sein. Eine dankbare Notiz zu Ihrem Engagement bei der Vereinsfeier, das Lob für Ihren Kartoffelsalat oder ein sonstiges Kompliment stärken oftmals mehr das Selbstwertgefühl als Zeugnisse und Zertifikate.

Reden Sie darüber

Fernab von Lästern hilft es, sich einem anderen anzuvertrauen. Wenn Sie Ihre unangenehmen Erfahrungen oder Ihren Ärger in Worte fassen, können Sie das Erlebte zügiger und besser verarbeiten. Im Austausch können Sie zudem Ihren Blickwinkel erweitern und möglicherweise Lösungen erfahren, auf die Sie alleine nicht gekommen wären.

STÄRKEN SIE SICH SELBST!

Wieso ist Selbststärkung im Umgang mit schwierigen und komplizierten Menschen so wichtig? Je selbstbestimmter und eigenständiger wir auftreten, desto besser können wir mit schwierigen Situationen und komplizierten Menschen umgehen.

Wenn wir wissen, was wir wollen, ist es leichter, Position zu beziehen und für uns einzustehen. Je gefestigter wir innerlich sind, desto stärker sind wir, umso besser können wir unser Verhalten und unsere Reaktionen steuern und Kompromisse finden, bei denen wir uns nicht verbiegen müssen.

Was hat das mit schwierigen Menschen zu tun? Viele dieser Menschen wollen ihr Gegenüber kleinmachen und manipulieren – ob bewusst oder unbewusst. Sind Sie in Konflikten oder unangenehmen Situation schnell blockiert, fühlen sich ohnmächtig und können nichts sagen? Oder reagieren Sie impulsiv, ohne lange darüber nachzudenken und sagen möglicherweise Dinge, die Sie später bereuen? Wie auch immer Sie reagieren, in beiden Fällen hat der andere es geschafft, dass Ihnen unter seinem Druck Ihre Fähigkeiten, sich selbst zu steuern, abhandengekommen sind. Mehr Selbstsicherheit hilft Ihnen, souveräner und bedachter zu reagieren.

Sich seiner selbst bewusst sein, gibt Sicherheit

Selbstsicherheit ergibt sich daraus, dass Sie sich Ihrer selbst bewusst sind und sich akzeptieren. Das lässt Sie ruhig und überlegt reagieren und schützt Sie vor Manipulation. Die meisten Menschen wissen so in etwa, wie sie ticken, und kommen gut durchs Leben. Doch niemand ist perfekt. Und schwierige Zeitgenossen treffen unsere wunden Punkte. Daher lohnt es sich, sich etwas intensiver mit den eigenen Werten, Wünschen und Bedürfnissen zu befassen. Vielleicht entdecken Sie ein paar neue Facetten an sich? Möglicherweise finden Sie heraus, warum Sie vor allem auf Besserwisser oder auf Mimosen so allergisch reagieren?

Wenn Sie sich Ihrer selbst bewusster werden und Verantwortung für sich und Ihre eigenen Wertmaßstäbe übernehmen, werden Sie stärker, und das in verschiedener Hinsicht. Denn wenn Sie wissen, was Sie wollen, können Sie Ihr Leben danach ausrichten. Sie lassen sich von anderen nicht mehr so schnell verunsichern und von Ihrem Weg abbringen. Mit gutem Selbstmanagement und ohne Ihren Emotionen ausgeliefert zu sein, verschwenden Sie keine Energie darauf, über Gegenangriffe nachdenken, wegzurennen, an sich selbst zu zweifeln oder sich einfach nur zu ärgern.

> Wenn Sie sich Ihrer eigenen Stärken und Grenzen bewusst sind, sind Sie schwierigen Menschen weniger ausgeliefert.

Wer sich seiner eigenen Stärken und Grenzen bewusst ist und diese klar vertreten kann, ist schwierigen Menschen weniger ausgeliefert. Das gilt gegenüber cholerischen oder boshaften Zeitgenossen wie auch gegenüber Menschen, die sich an uns ketten oder uns mit ihrer aufgesetzten Hilfsbedürftigkeit auslaugen. Je geringer unser Basis-Selbstwertgefühl ist, desto leichter kann man uns kränken und verletzen. Kränkungen, Zweifel, Selbstvorwürfe und Zorn lassen das Selbstwertgefühl weiter absacken. Am Ende glauben wir noch, dass wir nichts anderes verdient haben oder dass unser Quälgeist Recht hat. Was natürlich nicht der Fall ist.

Selbststärkung braucht seine Zeit, aber es lohnt sich

Sich selbst besser kennenlernen, sich mit seinen Gefühlen auseinandersetzen, neue Verhaltensweisen ausprobieren und etablieren, all das braucht seine Zeit. Sie können sich das Erarbeiten neuer Handlungsroutinen wie das Überschreiben eines fehlerhaften Softwareprogramms vorstellen. Zuerst schaut man, was nicht richtig funktioniert, dann überlegt man, wie man das beheben kann und wie das neue System aussehen soll. Das dauert. Hat man dann das neue System programmiert, stellt man fest, dass es an einigen Stellen noch hakt. Also wird nachgebessert. Bis die Software einwandfrei läuft, braucht es Geduld. Lassen Sie sich also Zeit, um neue Verhaltensweisen zu etablieren. Freuen Sie sich über Zwischenerfolge – sie zeigen, dass Sie auf dem richtigen Weg sind. Geben Sie nicht auf, weil Sie denken, es bringt nichts. Die Mühe lohnt sich!

> Es dauert mindestens sechs Monate, bis neue Verhaltensweisen in Fleisch und Blut übergegangen sind.

Das Tolle an der Selbststärkung ist, dass Sie mehrfach davon profitieren:
- Sie haben mit ihr einen effektiven Weg, mit schwierigen Menschen und Situationen umzugehen.
- Sie nehmen sich und Ihre Bedürfnisse wahr und ernst und vertreten sie vor anderen.

- Sie erkennen, was Sie wollen, und können so leichter Prioritäten und Grenzen setzen.
- Sie lernen, ohne Schuldgefühle Nein zu sagen.
- Sie stärken Ihre innere Widerstandskraft.
- Sie lernen Ihren Fokus auf das auszurichten, was Ihnen wirklich am Herzen liegt.
- Sie erlauben sich, Sie selbst zu sein.

Selbstreflexion und Selbsterkenntnis

Im Alltag denken wir nicht über jeden Satz, über jede Reaktion, jede Handlung nach, sondern agieren instinktiv, reagieren automatisch. Dabei lenken uns unsere Erfahrungen und gelernte Muster, die uns den Alltag mit all seinen kleinen Entscheidungen erleichtern. Doch solche automatisierten Verhaltensmuster können auch nachteilig sein, wenn sie uns zu sehr einschränken oder wenn wir merken, dass sie in bestimmten Situationen nicht gut funktionieren. Gerade im Umgang mit schwierigen Menschen ist es hilfreich, solche eher schädlichen Automatismen zu erkennen und sich von ihnen zu trennen. Wenn wir stattdessen neue, förderliche Routinen aufbauen und trainieren, hilft uns dies dabei, in kritischen Situationen entspannter zu agieren.

> Vor der Veränderung steht die Selbstreflexion und Selbsterkenntnis.

Motive und Muster erkennen

Um schädliche Automatismen zu erkennen und durch neue Verhaltensweisen zu ersetzen, ist es notwendig, sich mit den eigenen Gefühlen, Bedürfnissen und Motiven auseinanderzusetzen.

Erleben wir einen anderen als störend, ist es sehr menschlich und typisch, dass wir uns als Erstes fragen „Wieso macht der das?" oder „Wieso verhält sie sich so?" oder „Wozu soll das gut sein?" Zu wissen, mit wem man es zu tun hat, ist ein guter erster Schritt, um die Situation etwas zu entspannen und erste Strategien zu entwickeln, wie man reagieren und agieren möchte.

Ein weiterer, sehr wichtiger Schritt zur Problemlösung ist der Blick auf uns selbst: Warum lösen bestimmte Verhaltensweisen und Aussagen negative Gefühle in mir aus? Welche Muster stecken dahinter? Manchmal kommen wir bei dieser Analyse auf Dinge, die uns nicht gefallen. Vielleicht sperren wir uns auch dagegen, weil wir denken, dass doch diese Nervensäge das Problem ist oder hat. Wir sind doch das Opfer. Was soll das dann bringen? Aber seien Sie versichert: Es bringt auf alle Fälle etwas. Je besser wir uns kennen, desto weniger laufen wir Gefahr, in Fallen zu tappen, und desto selbstbewusster können wir einem schwierigen Menschen entgegentreten.

Folgende Fragen können Sie in Ihrer Selbstreflexion unterstützen:
- Erinnert mich dieser Mensch an jemanden? Falls ja, an wen?
- Welche Erinnerungen habe ich an diese Person?
- Was fühle ich, wenn ich mich an diese Person erinnere?
- Welche Themen verbinde ich mit dieser Person?
- Aus welchen Gründen habe ich Schwierigkeiten, gelassen zu reagieren?
- Weshalb fällt es mir schwer, emotionale Distanz zu wahren?
- Was spielt sich zwischen uns ab? In welcher Verbindung stehen wir?
- Was genau hat bei mir das schlechte Gefühl ausgelöst? Gibt es vielleicht ein Muster?
- Welche Rolle habe ich bei der Situation eingenommen? Reagiere ich öfter so?

Es kann passieren, dass wir ohne es zu wollen mit unserem Verhalten beim anderen etwas anstoßen und eine für uns unangenehme Reaktion hervorrufen. Auch hier hilft es, etwas Ursachenforschung zu betreiben, um solche Situationen in Zukunft besser zu handhaben bzw. es erst gar nicht dazu kommen zu lassen.

Durch das Wissen über uns selbst können wir Brücken bauen und uns auf unser Gegenüber zubewegen. Das heißt nicht, dass wir einknicken oder klein beigeben. Sondern wir handeln selbstbewusst, selbstverantwortlich und übernehmen die Führung.

Wertfrei analysieren

Kommen wir noch mal zurück zu den Fragen, die das Verhalten der Nervensäge betreffen: „Wieso macht der das?" oder: „Wieso verhält sie sich so?" oder: „Wozu soll das gut sein?" Diese Fragen nach dem Wieso und Wozu helfen, den jeweiligen Bedürfnissen auf die Schliche zu kommen. Denn jedes Verhalten – so abwegig es auch sein mag – verfolgt ein Ziel. Wenn Sie zum Beispiel darüber nachdenken, wieso Sie andauernd mit dem Erbsenzähler aus der Buchhaltung zusammenstoßen, dann sollte Sie auch fragen: „Wozu ist es für den Kollegen wichtig, alles pedantisch zu kontrollieren?" und auch: „Wozu ist Pedanterie nützlich?" Mögliche Antworten könnten sein, dass er perfektionistisch veranlagt und auch ängstlich ist. Er will Fehler vermeiden und alles einwandfrei abgeben. Das sind doch gar keine so schlechten Eigenschaften, wenn man bedenkt, dass der Teufel ja oft im Detail steckt. Pedanterie hat eindeutig auch positive Seiten.

Ein weiterer Punkt ist die Tatsache, dass häufig genau das, was uns an anderen Menschen ärgert, sehr viel mit uns selbst zu tun hat.

Erinnert Sie das Verhalten des Erbsenzählers vielleicht daran, dass Sie sich eher nicht so gerne mit Details aufhalten und lieber den Blick auf das große Ganze legen? Auch dies hat Vorteile: Man hat den Überblick statt sich in Einzelheiten zu verlieren. Leider kann man dabei auch Fehler und Risiken übersehen. Möglicherweise erlebt der andere uns als schwierig, weil wir für ihn oberflächlich und unvorsichtig sind.

Analysieren Sie wertfrei, denn dann geben Sie beiden Verhaltensweisen einen offenen Raum. Statt sich kontrolliert und gemaßregelt zu fühlen und den anderen als detailversessenen Oberbürokraten abzukanzeln, können Sie die Vorteile beider Verhaltensweisen sehen: Da, wo Sie keine Lust haben, genauer hinzuschauen, sucht er nach der Stecknadel im Heuhaufen. Dort, wo er wegen seiner Detailliebe stecken bleibt, können Sie die nötigen Impulse geben und Entscheidungen treffen, damit es weitergeht. Zusammen ergeben Sie ein super Team! Ohne (Selbst-)Reflexion, Akzeptanz und gute Kommunikation werden Sie jedoch immer beim genervten Augenrollen bleiben, wenn Sie miteinander zu tun haben.

Keine falschen Erwartungen

Selbstreflexion und die eigenen Gefühle wahrzunehmen, sind wichtige Bedingungen, um Veränderungsprozesse in Gang zu setzen. Wenn Sie Ihre Stimmungen so genau wie möglich registrieren, benennen und einordnen können, sind Sie auch in der Lage, sie aktiv zu bearbeiten.

Damit die Veränderungsprozesse in die richtige Richtung führen, ist es außerdem wichtig zu wissen, was man will. Fragen Sie sich, was Ihre Erwartungen sind.

- Wie würde ich gerne zukünftig im Umgang mit schwierigen Menschen reagieren?
- Wäre ich gerne ruhiger, direkter, diplomatischer oder konfrontativer?
- Möchte ich anerkannt und wertgeschätzt werden?
- Möchte ich einfach nur kein schlechtes Gefühl haben?

Diese Fragen stellen sich umso mehr, je schwieriger unser Gesprächspartner ist.

Machen Sie sich klar, dass Ihr Gegenüber Sie nicht mögen muss und dass auch Sie ihn nicht mögen müssen. Weder heute noch in Zukunft. Sie müssen miteinander auskommen und das möglichst ohne Verletzungen. Erwarten Sie also nicht zu viel. Sie können den anderen nicht verändern und haben nur begrenzten Einfluss auf die Beziehung zwischen Ihnen beiden. Was Sie ändern können, ist Ihr Verhalten und Ihre Haltung dem anderen gegenüber.

> Einen anderen Menschen können Sie nicht ändern – aber Ihr eigenes Verhalten und Ihre Haltung.

Wie Veränderung funktioniert

Wenn Sie sich mit den Fragen in diesem Kapitel schon ein wenig auseinandergesetzt haben, konnten Sie vermutlich bereits einige Erkenntnisse gewinnen. Sie haben eine Ahnung oder wissen gar, warum Sie mit bestimmten Menschen immer aneinandergeraten. Sie haben eine Idee davon, warum Sie im Umgang mit schwierigen Menschen oft das Gefühl haben, gegen Wände zu laufen, und nach einer Begegnung ratlos oder frustriert zurückbleiben.

Im Kapitel „Erste Hilfe für ein Zusammentreffen mit schwierigen Menschen" haben Sie bereits viele Ratschläge bekommen, wie Sie sich in schwierigen Situationen verhalten können. Mit Ihrem neuen Selbstbewusstsein wird es Ihnen noch leichter fallen, diese Tipps anzuwenden. Wäre es nicht schön, wenn Sie Ihrem cholerischen Kollegen in Zukunft entspannt begegnen könnten und seine Ausbrüche an Ihnen abperlen? Oder wenn Sie an der nervigen Plaudertasche, die neben Ihnen wohnt, das nächste Mal mit einem freundlichen Gruß vorbeigehen könnten? All dies in sich ruhend, ohne schlechtes Gewissen, ohne nach der Begegnung erst mal wieder Energie tanken zu müssen?

Dies wird der Fall sein, wenn sich Ihr neues Selbstbewusstsein gefestigt hat, wenn Sie Kraft aus Ihrem Inneren schöpfen können, wenn Sie glücklich sind und in sich ruhen. Wenn Sie sich nicht von dem, was um Sie herum passiert, über Gebühr beeinflussen lassen.

Es geht also darum, Ihre Erkenntnisse in Ihr Bewusstsein über sich selbst zu integrieren und aus einer neuen inneren Kraft heraus nach und nach zu neuen Reaktionen und Verhaltensweisen zu kommen, die sich mit der Zeit verfestigen.

Wie funktioniert das? Im folgenden Kapitel biete ich Ihnen einen gut gefüllten Werkzeugkasten an, mit vielen verschiedenen Wegen und Methoden, die Sie bei der Stärkung Ihres Selbst unterstützen. Im letzten Kapitel schließlich bekommen Sie konkrete Ratschläge, wie Sie Ihr Verhalten langfristig ändern können.

WERKZEUGKASTEN FÜR DIE SELBSTSTÄRKUNG

Jeder Mensch verfügt über einen Kasten voller Werkzeuge, um sich selbst zu helfen. Verschiedene Einflüsse führen dazu, dass dieser Kasten bei jedem anders aussieht. Bei manchen Menschen liegen alle Werkzeuge griffbereit an Ort und Stelle, andere wissen zwar, wo der Kasten steht, haben aber keine Ahnung, was drin ist. Und dann gibt es welche, die nicht wissen, wozu welches Werkzeug taugt. Sie lassen sie daher ungenutzt liegen oder versuchen mit einer Bohrmaschine einen Nagel in die Wand zu schlagen. Wie auch immer: Alles ist da und muss nur entstaubt und wieder eingesetzt werden!

Leider gibt es keinen Universalschlüssel, mit dem wir nur hier oder da an ein paar Schrauben drehen müssen, und schon verhalten wir uns immer so, wie wir es uns wünschen. Unsere Selbststärkung ist ein lebenslanger Prozess. Mit manchen Werkzeugen kommen wir zunächst nicht zurecht, aber bei einem erneuten Versuch läuft es plötzlich wie geschmiert. Andere haben irgendwann ausgedient und müssen ausgetauscht werden. Jedoch werden Sie, wie jeder gute Handwerker, mit der Zeit lernen, welche Werkzeuge wofür am besten geeignet sind, und mit welchen Werkzeugen Sie persönlich am besten arbeiten können.

In diesem Kapitel stelle ich Ihnen verschiedene Wege und Methoden vor, wie man sich stärken kann und auch in Krisen handlungsfähig bleibt. Es ist eine große Bandbreite an Werkzeugen, denn jeder Mensch hat seine individuellen Vorlieben und Bedürfnisse. Schauen Sie sich die verschiedenen Werkzeuge an und probieren Sie aus, was Sie anspricht. Wenn etwas nicht funktioniert, versuchen Sie es mit einem anderen, die Auswahl ist groß genug. Aber geben Sie nicht zu schnell auf, Veränderungsprozesse brauchen ihre Zeit – Sie erinnern sich an das Überschreiben eines defekten Computerprogramms? Haben Sie Geduld, prüfen Sie im Laufe des Prozesses immer wieder, ob es so noch funktioniert, und bessern Sie bei Bedarf nach.

Die Methoden sind dafür da, Sie zu stärken, Ihre neue Stärke zu stabilisieren, Veränderungsprozesse anzustoßen und voranzubringen und neue Verhaltensweisen zu etablieren. Und vor allem sollen Sie letztlich dazu führen, dass Sie mit schwierigen Menschen besser klarkommen.

Gezielt Kraft tanken

Sich wohlzufühlen und entspannt zu sein, ist eine gute Voraussetzung für das Erlernen neuer Verhaltensweisen. Doch wie bringt man sich in einen angenehmen und lockeren Gemütszustand, insbesondere dann, wenn der Alltag stressig ist? Ruhephasen, Pausen und Erholung sind die gängigen Ratschläge. Grundsätzlich ist das richtig, aber nicht jeder kann sich beim Nichtstun regenerieren. Es gibt Menschen, die der Gedanke nervös macht, ihre Ferien am Strand liegend zu verbringen – so

> Sich mit sich selbst wohlzufühlen ist eine wichtige Unterstützung beim Erlernen neuer Verhaltensweisen.

sehr andere genau das brauchen. Es ist also wichtig zu wissen, wie Sie sich am besten erholen.

Die Bandbreite an Möglichkeiten ist groß und es gibt kein Richtig oder Falsch. Mögen Sie Meditation oder werden Sie dabei kribbelig? Können Sie sich entspannen, wenn Sie im Garten arbeiten oder einen Schal stricken? Brauchen Sie Gesellschaft oder wollen Sie alleine auf dem Sofa dösen? Finden Sie heraus, wie Sie sich am besten entspannen – und dann tun Sie es!

Welcher Entspannungstyp sind Sie?

Der kulturell interessierte Entspannungstyp: Sie entspannen sich gut bei anspruchsvoller Literatur oder Musik. Sie mögen Kunst und genießen kulturelle Ereignisse. Sie verfügen über viel Fantasie und lieben Ästhetik – ob in Design, Architektur oder Natur.

So können Sie sich entspannen:
- Gespräche mit Tiefgang, vielleicht in einem Philosophie- oder Literaturclub
- Besuch von Museen, Ausstellungen, Theateraufführungen, Konzerten, Vorträgen und Kursen

Der aktive Entspannungstyp: Nichtstun fällt Ihnen eher schwer. Der Gedanke an stundenlanges Liegen im Strandkorb macht Sie nervös. Sie sind voller Tatendrang und können am besten abschalten, wenn Sie ganz in einer Tätigkeit aufgehen.

So können Sie sich entspannen:
- Handwerkliche Aufgaben, Gartenarbeit und Hausarbeiten aller Art wie Putzen, Bügeln oder Aufräumen, aber auch Kochen, Backen oder Einmachen
- Hobbys, die zwar nicht kompliziert sind, aber für eine gewisse Zeit Ihre volle Konzentration beanspruchen, z. B. Handarbeiten

Der sportliche Entspannungstyp: Sie entspannen sich am besten, wenn Sie sich so richtig auspowern. Gleichgültig, wie das Wetter ist: Sie müssen mindestens einmal pro Tag raus. Wenn Sie sich nicht genug bewegen, fühlen Sie sich unwohl.

So können Sie sich entspannen:
- Bewegung und Sport aller Art – von ruhig bis sehr dynamisch
- Immer wieder Bewegung in den Alltag einbauen: Treppen statt Aufzug, das Auto etwas entfernter parken oder eine Station früher aus dem Bus steigen

Der gesellige Entspannungstyp: Sie fühlen sich so richtig wohl, wenn Sie mit anderen zusammen sind. Dabei übernehmen Sie gerne auch Verantwortung für andere oder für gemeinsame Unternehmungen. Zu viel alleine zu sein, senkt Ihre Stimmung.

> Sie sind ein Mischtyp und mögen Wellness und Geselligkeit? Dann gehen Sie mit einer Freundin in die Sauna.

So können Sie sich entspannen:
- Sich sozial oder in einem Verein engagieren
- Projekte mit anderen planen und durchführen, wie Gruppenreisen, Spieleabende oder Kochrunden

Der ruhige Wellness-Entspannungstyp: Sie mögen es, Körper und Geist mit wohlriechenden Düften zu verwöhnen, und entspannen sich gerne in der Badewanne, vielleicht mit ruhiger Musik und bei Kerzenschein. Sie mögen es gerne kuschelig-warm. Massagen lassen Sie wegschlummern.

So können Sie sich entspannen:
- Jegliche Art des stillen Ausruhens wie Entspannungsmusik, Meditation, autogenes Training und Körperreisen
- Wellness-Momente mit Kerzenlicht, Duftlampen oder ausgiebigen Badewannen-Sessions, wie auch alle Arten von Wellnessangeboten (Sauna, Jacuzzi oder Thermalbad)

Körper und Seele in Balance bringen

Balanceübungen sind ein hervorragendes Training für das Ich. Nicht umsonst heißt es im Volksmund „fest mit beiden Beinen auf dem Boden stehen", was mehr die innere als die äußere Haltung meint. Sie verbessern Ihren Gleichgewichtssinn und stärken Ihre Standfestigkeit – sowohl die körperliche als auch die geistige. Indem Sie Ihren Gleichgewichtssinn üben, fördern Sie Ihre Konzentration und Ausgeglichenheit.

Die folgenden Übungen trainieren Ihren Gleichgewichtssinn und unterstützen Sie darin, auch Ihre innere Balance wiederzufinden und zu halten. Versuchen Sie, bei den Übungen zu lächeln, denn das entspannt die Kiefermuskeln, was wiederum eine positive Botschaft vom Körper an den Geist sendet.

Auf einem Bein stehen: Mit offenen Augen ist diese Übung ziemlich einfach. Schließen Sie daher die Augen und versuchen Sie in dieser Position zwei Minuten zu verharren. Achten Sie darauf, wann Sie zu wackeln beginnen und was dabei hilft, standhaft zu bleiben. Steigern Sie den Schwierigkeitsgrad, indem Sie zusätzlich zunächst mit einem Arm und später mit beiden Armen kreisen.

Beinarbeit im Alltag: Wann immer es sich im Alltag ergibt, beim Zähneputzen, beim Kartoffelschälen oder vor dem Kopierer – stellen Sie sich öfter mal auf die Zehenspitzen oder abwechselnd auf nur ein Bein. Halten Sie das möglichst lange aus.

Knieheber: Ziehen Sie im Stehen langsam das rechte Knie nach oben und berühren Sie es mit dem linken Ellenbogen. Versuchen Sie einen Moment in der Position zu verharren, dann wechseln Sie die Seite.

Fersenheber: Heben Sie im Stehen die linke Ferse zum Gesäß und berühren Sie Ihren Fuß mit den Fingerspitzen Ihrer rechten Hand. Achten Sie dabei auf eine aufrechte Körperhaltung und führen Sie die Übung langsam durch. Dann die Seiten wechseln.

Um die eigene Achse drehen: Merken Sie sich Ihre Position, indem Sie einen Punkt fixieren. Verbinden Sie danach Ihre Augen und drehen Sie sich mehrfach im Kreis. Ändern Sie einige Male die Drehrichtung. Versuchen Sie in der Position zu stoppen, in der Sie gestartet sind.

Seiltänzer am Boden: Balancieren Sie entlang einer Teppichkante. Nehmen Sie dazu Ihre Arme zur Hilfe und variieren Sie die Übungen. Schauen Sie beim ersten Mal auf den Boden, beim zweiten Mal schließen Sie Ihre Augen. Haben Sie keinen Teppich, können Sie auch eine Schnur gerade hinlegen.

Ein Buch auf dem Kopf balancieren: Legen Sie sich ein Buch auf dem Kopf und versuchen Sie es möglichst lange zu balancieren – zuerst stehend, dann gehend. Probieren Sie auch Kniebeugen aus oder andere Bewegungen.

Konzentrieren Sie sich auf Ihre Stärken!

Dass es positiv ist, sich auf seine Stärken zu konzentrieren, klingt einleuchtend. Allerdings tun wir das viel zu selten.

Ab wann ist eine Eigenschaft gut oder schlecht? Bin ich faul oder achte ich auf meine Gesundheit, wenn ich genügend Pausen mache und wenig Überstunden? Reagiere ich gelassen oder gleichgültig, wenn ich mich über etwas *nicht* aufrege? Bin ich beharrlich oder verbissen, wenn ich an einem Plan festhalte? Kann es mir in bestimmten Situationen zugutekommen, zurückhaltend, schüchtern oder ängstlich zu sein? Vielleicht bei Streitereien oder Gefahren? Jede Eigenschaft hat ihre Vor- und Nachteile. Es hängt vom Kontext und der Situation ab, ob sie eine Schwäche oder Stärke ist.

Überlegen Sie, was Ihre Stärken und Schwächen sind, dabei gilt Ihre persönliche Einschätzung. Was gesellschaftlich verpönt oder was hochgelobt wird, muss für Sie nicht gelten. Ihre Eigenschaften müssen zu Ihnen passen.

Stärken Sie Ihre Stärken!

Sie haben Ihre Stärken und Schwächen analysiert? Dann schließen Sie Frieden mit Ihren Schwächen und konzentrieren sich auf das, was Sie gut können. Weniger förderliche Eigenschaften sollten Sie zwar irgendwann mal angehen, aber es ist wissenschaftlich belegt, dass es uns glücklicher und ausgeglichener macht, wenn wir unsere Stärken stärken. Dabei steht das Tun im Vordergrund.

Die Methode „Reflected Best Self" wurde von Arbeits- und Organisationspsychologen der positiven Psychologie entwickelt. Sie erlaubt Ihnen, von außen einen Blick auf Ihr „bestes Selbst" zu werfen. Bitten Sie einige Freunde und Kollegen per E-Mail darum, zwei oder drei Ihrer Stärken zu nennen und dazu Situationen zu beschreiben, wann sie diese Eigenschaften eindrucksvoll bei Ihnen erlebt haben. Schauen Sie die Antworten nach wiederkehrenden Themen und Mustern durch, die Sie dann mit Ihren eigenen Gedanken zu einem Stärken-Profil zusammenfassen. Überlegen Sie, wie Sie künftig Ihre Fähigkeiten einsetzen wollen, wie Sie ihnen aktiv Ausdruck verleihen können.

> Indem Sie etwas tun, das Ihren Stärken entspricht, stärken Sie diese.

ÜBUNG: STÄRKEN ERKENNEN

Schreiben Sie fünf Stärken auf, die Sie an sich schätzen, und überlegen Sie, in welchen Lebensbereichen diese bereits eine Rolle gespielt haben. Wählen Sie davon die zwei Stärken aus, die Ihnen am wichtigsten sind. Schreiben Sie dann auf, warum Ihnen diese beiden Stärken so wichtig sind. Wie beeinflussen sie Ihr Leben? Welchen Einfluss haben sie auf Ihr Selbstbild?

Eigenlob stinkt nicht!

Kennen auch Sie Menschen, die ganz eindeutig etwas toll hinbekommen haben, zum Beispiel allem Lampenfieber zum Trotz eine Rede vor anderen zu halten, dann jedoch nicht stolz auf sich sind, sondern nur das Negative sehen, sich kleinmachen und selbst zerfleischen? Die Tendenz, eher pessimistisch über die eigenen Fähigkeiten zu denken, hängt stark mit unserem Selbstwertgefühl zusammen. Ist unser Selbstwert durch Kränkungen angeknackst oder generell sehr schwach, halten wir auch nach positiven Erlebnissen an den negativen Gedanken über uns fest, statt uns über die Erfolge zu freuen und somit zu stärken.

Die eigenen Fähigkeiten wahrnehmen und schätzen

Wie eine allzu negative Selbsteinschätzung auf uns wirkt und wie man sich von diesem Problem befreien kann, damit beschäftigt sich der US-amerikanische Psychologe Peter Zunick von der Ohio State University. Zusammen mit einer Forschungsgruppe hat er die „zielgerichtete Abstraktion" („directed abstraction") entwickelt. Diese selbstwertsteigernde Technik ermutigt Menschen mit allzu ausgeprägter Selbstkritik, ihre Erfolgserfahrungen um ein positives Selbstverständnis zu erweitern.

Die Grundidee der zielgerichteten Abstraktion ist, sich nicht einfach nur zu freuen, dass einem etwas gut gelungen ist, sondern sich konkret, also zielgerichtet vor Augen zu führen, welche persönlichen Fähigkeiten zu diesem Erfolg geführt haben. Es wirkt positiv verstärkend auf uns, wenn wir die Gründe des Erfolgs genau sezieren und dabei einen besonderen Fokus auf die eigenen Qualitäten legen, die mit zu dem guten Resultat geführt haben.

Was habe ich zu meinem Erfolg konkret beigetragen?

Überlegungen wie: „Ich habe den Test gut bestanden, weil ich ..." ermöglichen Ihnen, Ihre Fähigkeiten zu erkennen und wertzuschätzen. Das wirkt wie Dünger für eine Pflanze: Sie nähren damit Ihr Selbstwertgefühl und steigern Ihr Selbstvertrauen.

> Tun Sie Ihre Fähigkeiten, die zu einem Erfolg geführt haben, nicht als selbstverständlich ab.

Es ist wichtig, Erfolge wahrzunehmen und zu würdigen – egal, wie klein sie erscheinen mögen. Gut gemeisterte alltägliche Situationen reichen oft schon aus, um das Selbstwertgefühl zu beflügeln. Reden Sie Ihre Fähigkeiten, die zu einem Erfolgserlebnis geführt haben, nicht klein, tun Sie sie nicht als selbstverständlich ab. Sie überhaupt zu bemerken ist der erste Schritt.

Wie Empathie Ihr Leben verbessern kann

Empathie bedeutet, sich in andere einzufühlen, sie zu verstehen und ihnen Beistand, Trost und Unterstützung zu spenden, aber trotzdem emotionale Distanz zu wahren. Warum sollten Sie einem nervigen Menschen mit Empathie begegnen? Jemandem, der Sie ständig piesackt, beleidigt oder nervt? Dafür gibt es gute Gründe!

Erstens können Sie leichter herausfinden und verstehen, was den anderen zu seinem Verhalten antreibt, wenn Sie sich in ihn einfühlen. Das hilft Ihnen, Abstand zu gewinnen und Ihre negativen Gefühle abzubremsen. Zweitens schützen Sie sich vor möglichen manipulativen Plänen und Absichten. Je besser Sie sich im Kopf des anderen ausken-

> Es gibt gute Gründe dafür, gegenüber jedem Menschen empathisch zu sein.

nen, desto weniger kann er Sie steuern. Ganz im Gegenteil, mit Ihrem Wissen über die andere Person haben Sie viel mehr die Zügel in der Hand.

Drittens tun Sie das vor allem für sich selbst! So pathetisch es klingen mag: Das eigene Herz zu öffnen und mit Milde und Güte zu füllen, kommt Ihnen mehrfach zugute. Etliche Studien zeigen, dass sich ein empathisches Verhalten positiv auf die Gesundheit auswirkt. Es verbessert unsere Beziehungsfähigkeit, was uns nicht nur gute Freund- und Bekanntschaften, sondern auch berufliche Erfolge beschert. Durch Empathie achten wir besser auf eine gesunde Arbeitsumgebung, sind produktiver und haben weniger Konflikte mit anderen. Nicht zuletzt gelangt dadurch mehr Vergnügen und Genuss in unser Leben.

> ### ÜBUNG: WEGE, UM EMPATHISCHER ZU WERDEN
>
> **Interpretieren Sie Gesichter.** Finden Sie Fotos von Menschen, zum Beispiel in einer Zeitung, und überlegen Sie sich, ohne den Text zu lesen, was in dieser Person gerade vorgeht.
>
> **Betrachten Sie sich mit den Augen eines anderen.** Überlegen Sie sich, wie eine andere Person Sie, eine Handlung oder eine Ihrer Verhaltensweisen beschreiben und beurteilen würde.

Stark sein durch Vergebung

Wollen wir Frieden, Frohsinn und beständiges Glück in uns und in der Welt erfahren, dann kommen wir an der Vergebung nicht vorbei. Das ist nicht leicht. Einem miesen Charakter zu verzeihen ist schwierig. Das ist gar keine Frage. Aber es lohnt sich! Jemanden verziehen zu haben, vielleicht sogar wieder mit ihm versöhnt zu sein, erleichtert. Und je leichter wir durch unser Leben gehen, desto zufriedener und glücklicher sind wir. Das wiederum stärkt uns und macht uns weniger angreifbar.

Vergeben ist kein schneller Prozess, der erzwungen oder von Außen beschleunigt werden kann. Sie brauchen Zeit und Geduld, möglicherweise auch professionelle Begleitung.

Jemandem zu vergeben, heißt übrigens nicht, dass Sie ein Verhalten billigen oder rechtfertigen oder dass Sie schwach sind oder nachgeben. Es heißt auch nicht, dass Sie das, was passiert ist, vergessen müssen. Vergebung ist eine spezielle Form der Barmherzigkeit, bei der Sie anderen und auch sich selbst mit Güte und Mitgefühl begegnen. Vergeben zu können – auch sich selbst – ist eine Kompetenz, die zu lernen und zu pflegen sich lohnt.

Wer ständig mit Erlebnissen aus der Vergangenheit hadert und nicht loslassen kann, dem ist es kaum möglich, ein erfülltes und zufriedenes Leben zu führen. Das Ziel ist die Versöhnung – mit dem anderen Menschen oder mit sich selbst und seiner Vergangenheit.

Vergebungsmeditation

Eine Möglichkeit, um sich im Vergeben zu üben, ist die Praxis der Vergebungsmeditation. Sie ist eine einfache und überaus wirksame Methode, um negativen emotionalen Ballast loszulassen. In der Vergebungsmeditation können Sie Menschen um Vergebung bitten, die Sie verletzt haben. Sie können Menschen vergeben, von denen Sie verletzt wurden, und schließlich können Sie sich selbst vergeben.

Machen Sie die Meditation über die Person, mit der Sie Probleme haben. Je belastender das Verhalten der schwierigen Person ist, desto öfter sollten Sie diese Übung praktizieren.
- Suchen Sie sich einen ruhigen Ort. Setzen Sie sich bequem und aufrecht hin. Schließen Sie die Augen oder fixieren Sie einen Punkt auf dem Boden etwa einen Meter vor Ihnen. Atmen Sie mehrmals ruhig ein und aus.
- Gehen Sie mit Ihrem Bewusstsein in die Mitte Ihres Körpers und stellen Sie sich vor, dass über dem Bauchnabel eine sich langsam drehende Sonne schwebt. Mit jeder Drehung entspannt sich Ihr Körper und wird immer weicher und wärmer.
- Denken Sie nun an die Person, die Ihnen Schwierigkeiten bereitet. Lassen Sie ein genaues Bild entstehen und achten Sie dabei auf Ihre Gefühle.
- Wünschen Sie dieser Person von Herzen etwas, das ihr am meisten fehlt. Vielleicht ist es Zuneigung, Herzlichkeit, Anerkennung, Humor oder Glück? Ihr Wunsch könnte lauten „Ich wünsche dir Frieden" oder „Ich wünsche dir, dass du dich wohlfühlst."
- Halten Sie das Bild der anderen Person vor Ihrem inneren Auge aufrecht, während Sie ein- und ausatmen und bei jedem langsamen Ausatmen Ihren Wunsch aussprechen. Sie können den Wunsch innerlich aussprechen oder auch leise vor sich hinsprechen.
- Nehmen Sie die Gefühle wahr, die sich beim Aussprechen Ihrer guten Wünsche einstellen. Es ist gut möglich, dass Sie Widerstand, Ablehnung oder Ärger spüren. Gleichgültig, welche Gefühle in Ihnen aufsteigen, nehmen Sie alles an. Erlauben Sie sich, alles zu fühlen, was Sie spüren. Lassen Sie es gelten, wenn Sie Wut oder Ekel spüren. Akzeptieren Sie Ihre Traurigkeit oder gar Ihren Hass.
- Lenken Sie nun Ihre Aufmerksamkeit auf sich selbst. Schenken Sie sich selbst Zuwendung und Zuneigung. Wünschen Sie sich

selbst von Herzen etwas, was Sie im Moment am meisten brauchen, wie zum Beispiel Sicherheit, Wertschätzung, Freundlichkeit oder Kraft. Sprechen Sie bei jedem langsamen Ausatmen Ihren Wunsch aus. Er könnte lauten „Ich wünsche mir liebevolle Zuwendung" oder „Ich wünsche mir ein gutes Leben."

- Stellen Sie sich dabei vor, wie dieser Wunsch wie ein guter Segen in die sich drehende warme Sonne einfließt und sich von dort aus über Ihren ganzen Körper verteilt. Machen Sie das so lange, bis Ihr ganzer Körper von Milde und Ihrer liebevollen Zuwendung bedeckt ist.
- Visualisieren Sie nun noch einmal die andere Person. Verabschieden Sie sich von ihr, indem Sie ihr und sich selbst abschließend nochmals alles Gute wünschen. Der Satz könnte lauten: „Dir und mir wünsche ich Frieden und ein gutes Leben." Nehmen Sie dabei Ihre Gedanken und Gefühle bewusst wahr.
- Schließen Sie die Meditation mit einem Dank an sich selbst ab und öffnen Sie langsam blinzelnd die Augen. Reiben Sie Ihre Hände. Bewegen Sie Ihre Finger und Füße. Strecken und recken Sie sich. Verweilen Sie einen Moment in Ihrer inneren Ruhe.

Wie Dankbarkeit uns innerlich festigt

Das Gefühl echter Dankbarkeit hat wenig zu tun mit den Höflichkeitsfloskeln, die uns schon als Kind antrainiert werden. Gelebte Dankbarkeit schafft den Nährboden für Kreativität, bessere soziale Integration und psychische Widerstandskraft. Wer dankbar ist, kann positive Erfahrungen mehr genießen und erlebt weniger negative Gefühle wie Eifersucht, Neid, Ärger oder Schuld. Wer dankbar ist, kann leichter mit Belastungen umgehen, hat ein höheres Selbstwertgefühl und verhält sich hilfsbereiter, was sich wiederum positiv auf seine sozialen Beziehungen auswirkt.

Dankbarkeit ist gut für Körper und Geist

Verschiedene Untersuchungen ergaben, dass Dankbarkeit die Gesundheit von Herzpatienten verbessert und zu hohen Blutdruck senkt. Die Forscher gehen davon aus, dass Dankbarkeit den Vagusnerv – Teil unseres körpereigenen Ruhesystems – aktiviert, was Stress senken kann.

Wissenschaftler der University of Indiana konnten nachweisen, dass die Wirkung von Dankbarkeitsübungen nach einiger Zeit sogar als neurobiologische Veränderung im Gehirnscan sichtbar ist.

> Das Training der Dankbarkeit macht optimistischer und hebt dadurch das persönlich empfundene Glücksniveau.

Psychologen an der Leuphana-Universität Lüneburg haben daher ein Onlinetraining entwickelt, das ihre Erwartungen deutlich übertroffen hat. Eigentlich sollten die Dankbarkeitsübungen lediglich die Neigung der Teilnehmer reduzieren, sich Sorgen zu machen und zu grübeln. Das Training wirkte sich jedoch auch positiv auf die Zuversicht, Stressresistenz und Depressivität der Probanden aus. Durch die Übungen verbesserten sie ihre Fähigkeit, positive Dinge wahrzunehmen, was maßgeblich zum Erfolg führte.

So üben Sie Dankbarkeit

Dank ausdrücken Bedanken Sie sich, auch dann, wenn es scheinbar nicht nötig erscheint. Beim Kellner, bei der Ärztin, der Floristin, der Haushaltshilfe, dem Straßenbauarbeiter – sie alle bekommen Geld für ihre Arbeit, dennoch kann man sich dafür bedanken, dass sie genau diese Aufgaben erledigen. Auch wenn etwas selbstverständlich erscheint: Danke sagen! Lieber einmal zu viel als einmal zu wenig. Sie können gleich vor Ort Danke sagen, sich schriftlich bedanken (Postkarte, E-Mail usw.) oder die Augen schließen, den Menschen und das Dankbarkeitsgefühl vor Ihrem inneren Auge erscheinen lassen und mental danken.

Positiver Tagesrückblick Lassen Sie den Tag vor dem Einschlafen Revue passieren. Konzentrieren Sie sich auf fünf Dinge, die Ihnen am Tag passiert sind und für die Sie dankbar sind. Schließen Sie Ihren Tagesrückblick, wenn Sie mögen, in ein Gebet oder in einen Segen ein. Oder führen Sie in Stichpunkten Ihr persönliches Dankbarkeitstagebuch.

Lebenslauf der Dankbarkeit Schreiben Sie Ihren Lebenslauf auf eine ganz besondere Weise: Statt Ausbildungsstätten oder Arbeitgeber zu nennen, konzentrieren Sie sich auf Meilensteine in Ihrem Leben, für die Sie dankbar sind. Erweitern Sie diesen Lebenslauf ständig – gerne auch um Sinneseindrücke oder Bilder.

Wie unsere Laune Stimmung macht

Unsere Stimmung oder Laune ist eine Art Hintergrundmusik, deren Klang sich unauffällig über alles legt, was wir erleben und empfinden. Bei schlechter Laune machen wir selbst Positives madig, ärgern uns über Banalitäten und suchen überall nach dem Haar in der Suppe. Sind wir gut gelaunt, geht uns alles leicht von der Hand, selbst Probleme oder Schwierigkeiten bringen uns nicht ins Wanken. Wir können leichter Informationen verarbeiten, sind kreativer und entscheidungsstärker. All diese Effekte tun uns gut und stärken uns auch im Umgang mit schwierigen Zeitgenossen.

Kann man auf seine Stimmung Einfluss nehmen?

Die Bedeutung unserer Stimmung ist für unser seelisches Wohlbefinden und unsere körperliche Gesundheit nicht zu unterschätzen, ist sie doch die Brille, durch die wir unsere Umwelt wahrnehmen. Daher beschäftigen sich Wissenschaftler seit geraumer Zeit mit der Frage, ob man gezielt seine Stimmung steuern kann. Eine wichtige Erkenntnis ist, dass unser Gemütszustand mehr von körperlichen Zuständen abhängt als von äußeren Ereignissen. Wir federn viel leichter cholerisches Verhalten ab, wenn wir ausgeschlafen sind. Hingegen bringen uns kleinste negative Verhaltensweisen an den Rand des Wahnsinns, wenn wir Stress, Hunger, Durst oder sonstigen körperlichen Druck haben. Daraus resultiert eine weitere Erkenntnis: Wir können unsere Stimmung beeinflussen.

> Geht es unserem Körper gut, dann haben wir meistens automatisch gute Laune.

Auch lassen wir uns leicht von den Gefühlen und Stimmungen anderer anstecken. So wie ein herzhaftes Lachen uns in gute Laune versetzt, ziehen uns schlechte Schwingungen runter. Wenn wir schlechte Laune haben, ist es also sinnvoll, kurz innezuhalten und zu reflektieren, woher diese Stimmungslage kommt. Ein nerviger Mensch muss uns nicht direkt anschnauzen, um uns unsere Laune zu verderben. Manchmal reicht schon seine Anwesenheit. Wenn Sie am Morgen richtig gut gelaunt zur Arbeit gekommen sind und irgendwann feststellen, dass Sie angespannt und gestresst sind, sollten Sie sich fragen, ob das vielleicht durch einen anderen – ohne dessen direktes Zutun – verursacht wurde. Einfach durch dessen Gefluche, Geseufze oder Gejammer. Wie fühlen Sie sich, wenn diese Person nicht da ist?

> Der cholerische Kollege muss uns nicht anschnauzen, um uns unsere Laune zu verderben. Seine Anwesenheit genügt.

Allein die Erkenntnis, wo der Schlechte-Laune-Herd steckt, lässt uns unseren inneren Stimmungs-Schalter umdrehen.

Raus aus dem Stimmungstief

Wenn wir an einen nervigen Menschen geraten, geht unsere Stimmung meistens in den Keller, zusammen mit unserer Energie. Dabei brauchen wir gerade in diesen Momenten viel Kraft. In guter und optimistischer Stimmung können wir leichter die Perspektive wechseln, kreative Lösungen finden und unsere Meinung standhaft vertreten. Fühlen wir uns schlecht, wird uns eine Drama-Queen leicht mit ihren Tränen in den manipulativen Würgegriff bekommen und wir werden kaum die Kraft aufbringen, uns vor einem Besserwisser-Monolog zu schützen. Ein wichtiges Werkzeug der Selbststärkung ist daher ein bewusstes Stimmungsmanagement – zum einen, um schnell wieder in eine aufgestellte und kraftvolle Gemütsverfassung zu kommen und zum anderen, um schnell zu merken, wenn uns jemand seelisch runterzieht.

So sorgen Sie für gute Laune

Gehen Sie auf Distanz Sobald Sie merken, dass Ihnen jemand nicht guttut, gehen Sie auf Distanz – dafür braucht es weder einen Konflikt noch muss diese Person (bereits) ein persönlicher Plagegeist sein. Stellen Sie sich vor, die Situation von außen zu betrachten oder wie einen Film.

Gönnen Sie sich ausreichend Schlaf und Pausen Haben Sie den Mut, um eine kleine Pause zu bitten, wenn der andere Sie erschöpft.

Achten Sie auf eine ausgewogene Ernährung Unser Körper braucht eine gute Grundlage, um in Balance zu sein. Zudem ist der Energieverbrauch unseres Gehirns immens: Es macht zwar nur zwei Prozent der Gesamtkörpermasse aus, beansprucht aber 20 Prozent der Gesamtenergie. Wollen wir gut denken (und fühlen!), brauchen wir Energie.

Bewegen Sie sich Egal, ob Sie nur kurz aufstehen und zum Regal gehen oder einen strammen Marsch um den Block machen: Eines der besten Mittel gegen schlechte Laune ist Bewegung.

Lenken Sie sich ab Einfache Tätigkeiten, wie zum Beispiel Putzen, Aufräumen oder andere Hausarbeiten sind super, um Sie von Ihrer schlechten Laune abzulenken.

Achten Sie auf Ihre Gedanken Wohltuende Gedanken, wie Erinnerungen an angenehme Erlebnisse, geben Ihnen einen positiven Schubs.

Loben und spornen Sie sich selbst an Optimistisches Denken, wie „Das wird schon" kann emotionale Abwärtsspiralen abbremsen.

Gute Gefühle bringen mehr als nur gute Laune

Es gibt eine Reihe von wissenschaftlichen Studien, die den Einfluss von Emotionen dokumentieren und zeigen, wie uns gute Gefühle beflügeln können. Die US-amerikanische Psychologin Barbara Fredrickson konnte in zahlreichen Studien nachweisen, dass wir unter dem Einfluss von guten Gefühlen wie Dankbarkeit, Liebe oder Freude wacher, aufmerksamer und als Folge davon auch klüger sind.

Es macht einen großen Unterschied, ob ich im Flucht- oder Kampfmodus eine Lösung suche oder in einem heiter-gelassenen Zustand. Gute Gefühle erweitern unser Denk-, Entscheidungs- und Innovationsvermögen. Freude und Zufriedenheit machen uns gelassen, optimistisch, aufmerksam und widerstandsfähig.

Fühlen wir uns gut, sind wir zudem freundlicher, integrativer und zugänglicher, was uns den Umgang mit anderen erleichtert. Menschen kennenzulernen, Freundschaften aufzubauen und zu pflegen, fällt uns dann nicht schwer. Ebenso können wir dann Möglichkeiten finden, um negative Gefühle abzubremsen und auszugleichen.

Alle Gefühle sind gut und haben ihren Sinn

Ähnlich wie bei der Stimmung geht es beim Gefühlsmanagement nicht darum, immer nur gut gelaunt zu sein. Das ist sehr anstrengend und oftmals nicht hilfreich. Leider sind unsere negativen Regungen wie Angst, Wut, Eifersucht oder Scham- und Schuldgefühle nicht nur unbeliebt, an ihnen haftet auch der schlechte Ruf, dass sie nicht gut für unsere seelische Gesundheit seien.

Negative Gefühle haben ihre Berechtigung, sie warnen und motivieren uns.

Das stimmt so nicht. Jedes Gefühl hat seinen Sinn. Negative Gefühle warnen uns vor Gefahren, lassen uns genauer hinschauen und sorgfältiger planen und motivieren uns. Sie sind zudem eine Art Kontrastmittel, um die Schönheiten des Lebens sehen zu können. Ohne Dunkelheit ist Licht nur hell, aber nicht erhellend. Selbst so quälende Emotionen wie Schuldgefühle haben ihre Berechtigung. Die Fähigkeit, sich angemessen schuldig fühlen zu können, ist ein Zeichen dafür, dass man Recht von Unrecht unterscheiden kann. Psychopathen können das nicht. Es ist ein Zeichen seelischer Gesundheit, wenn Sie negative Gefühle haben und sie spüren, zulassen und aushalten. Seelisch gesund zu sein bedeutet, dass Ihre Gefühle der jeweiligen Situation angemessen sind.

Negative Gefühle zu verdrängen, schadet uns

Es ist keine Lösung, schlechte Gefühle zu verdrängen oder zu betäuben. Erstens ist das ständige Abwehren kräftezehrend. Zweitens birgt es die Gefahr, dass wir unseren Emotionen auf andere Weise irgendwann Luft machen. Sei es durch plötzliche Gefühlsausbrüche oder durch körperliche Beschwerden. Drittens kann eine allzu ablehnende Haltung gegenüber schlechten Gefühlen dazu führen, dass sie sich verstärken. Dann wird aus dem punktuellen Gefühl am Ende noch ein Dauerzustand, also eine Stimmung. Wie Sie aus dem vorangegangenen Kapitel wissen, ist das keine gute Voraussetzung für ein gelingendes Leben.

Ein Gegenmittel hierzu ist, Bewusstheit für seine Gefühle zu schaffen. Negative Gefühle als einen Teil von uns zu akzeptieren, mildert sie ab. Das klingt paradox, funktioniert aber. Sobald wir uns der Tatsache bewusst sind, dass wir gerade „nur" ein Gefühl verspüren, verliert dieses einen Großteil seiner Zugkraft.

> Indem Sie negative Gefühle als einen Teil von sich akzeptieren, mildern Sie diese ab.

Bewusstheit für unsere Gefühle zu schaffen, bewahrt uns davor, uns von unseren Gefühlen übermannen und in den Bann ziehen zu lassen. Sich in ein Gefühl hineinzusteigern, schränkt unsere Realitätswahrnehmung massiv ein, was wiederum unser Denkvermögen und das Entwickeln von Handlungsalternativen enorm verkleinert.

Auf das Verhältnis kommt es an

Schlechte Gefühle erfüllen einen wichtigen Zweck und gute Gefühle beflügeln uns – wir brauchen also beides. Einige Glücksforscher haben mittels aufwendiger statistischer Verfahren erforscht, was das ideale Verhältnis von guten und schlechten Gefühlen sein sollte, damit wir uns gut fühlen und sogar aufblühen können.

Das Ergebnis: Drei oder vier gute Gefühle gegenüber einem schlechten Gefühl ist ein gutes Verhältnis für jede Art von Beziehung. Dieser positive Effekt nimmt ab einem Verhältnis von elf zu eins ab. Scheinbar mögen wir es nicht, negative Gefühle nur noch in homöopathischen Einheiten zu erleben.

Gefühle umschichten durch Focusing

Bei der Focusing-Methode nehmen Sie Ihre eigenen Emotionen besser wahr und können sich von negativen Stimmungen abgrenzen. Sie machen verborgenes Wissen über sich selbst für die Lösung Ihres Problems nutzbar. Entwickelt wurde die Methode von dem austroamerikanischen Philosophen, Psychologen und Psychotherapeuten Eugene T. Gendlin.

Gendlin fand heraus, dass Klienten, die während einer therapeutischen Sitzung öfter einmal eine kleine Pause machten, um nachzudenken oder in sich hineinzufühlen, schneller Fortschritte machten als andere. Dieses reflektierende Vorgehen ermöglichte es ihnen, vage oder diffuse Gefühle in Worte zu fassen und so zu Klarheit und Erkenntnis zu gelangen.

So funktioniert Focusing

Sie richten Ihre Aufmerksamkeit auf Ihren Körper, vielleicht auf Ihren Magen oder Ihre Brust. Sie spüren nach, was dort vor sich geht, wenn Sie sich zum Beispiel fragen, wie es mit Ihrer nervigen Nachbarin gerade läuft oder Ihrem argwöhnischen, immerzu schlecht gelaunten Kollegen. Bleiben Sie eine Zeit lang wohlwollend und akzeptierend bei diesem Gefühl, ohne es zu analysieren.

Danach beginnen Sie das Gefühl zu beschreiben, mit Bildern, Assoziationen und Worten. An der Reaktion Ihres Körpers merken Sie, wenn eine Beschreibung passt.

Wenn Sie Kontakt mit dem Gefühl haben, können Sie mit der Verstandesarbeit beginnen. Stellen Sie sich Fragen: Warum ruft dieser Mensch diese Gefühle in mir hervor? Was steckt in diesem Gefühl? Hat es zu tun mit …? Was brauche ich in diesem Moment am meisten? Achten Sie darauf, welche Körpersignale sich bei Ihren Antworten einstellen. Bei welcher Begründung stellt sich eine körperliche Entspannung oder Erleichterung ein? Vielleicht ein befreiender Seufzer, Freudentränen oder ein Lächeln? Sie nehmen alles was kommt an und verweilen in diesem Gefühl. Lassen Sie es eine Zeit lang auf sich wirken. Jedes Gefühl hat seine Gründe. Es wertschätzend anzuerkennen, löst es leichter auf, als es zu bekämpfen oder zu verdrängen.

> Die Focusing-Methode ist recht einfach, Sie sollten sie jedoch von einem Experten lernen.

Schlechte Gefühle loslassen mit der Sedona-Methode

Die Sedona-Methode stammt vom US-Amerikaner Lester Levenson, sein Schüler Hale Dwoskin hat sie weltweit bekannt gemacht. Es geht darum, negative Gefühle durch die wiederholte Beantwortung von vier immer gleichen Fragen loszulassen. Die Methode funktioniert auch sehr gut bei unangenehmen oder limitierenden Gedanken.

Die Stärke der vier auf den ersten Blick unscheinbaren Fragen ist, dass man einerseits Distanz zum Problem schafft und andererseits sich selbst stärkt, indem man mit sich selbst in Kontakt tritt. Allein zu akzeptieren, dass man gerade ein negatives Gefühl hat und dieses als einen Teil von sich annimmt, lässt manchen Frust, Zorn oder Zweifel schwinden. Ohne sich Druck zu machen, kommt unser Geist so ganz unaufgeregt in Bewegung. Eine hervorragende Ausgangslage, um Lösungen zu finden.

Ich stelle Ihnen die Methode in Kurzform da. Das Loslassen gelingt am besten, wenn man die Technik zu Anfang mit einer anderen Person, am besten einem Therapeuten, Coach oder Trainer, durchführt.

Ablauf der Sedona-Methode

Denken Sie an eine Situation oder Person, mit der Sie sich nicht wohlfühlen. Was ist das erste Gefühl, das sich einstellt, wenn Sie an diesen Menschen oder an Situationen mit ihm denken? Welche Gedanken tauchen dazu auf? Entsteht ein Bild dazu? Gibt eine körperliche Reaktion dazu? Wo spüren Sie diese?

Zum Beispiel denken Sie an Ihren Vorgesetzten, der Sie ständig dafür kritisiert, zu langsam zu arbeiten. Bei dem Gedanken spüren Sie ein mulmiges Gefühl in der Magengegend, wie ein dicker, schwerer Stein im Bauch, und auch Ärger, der sich wie eine dicke Gewitterwolke über Ihrem Herzen anfühlt. Sie spüren, dass die Situation und die Verhaltensweise Sie verunsichern. Sie fühlen sich missverstanden und bevormundet.

Beantworten Sie nun folgende Fragen spontan ohne lange nachzudenken mit Ja oder Nein. Jede Antwort ist gut und vollkommen. Ihr Gefühl kann nur leicht oder sehr stark sein. Falls Sie bei einer Frage stecken bleiben, dann gehen Sie einfach zur nächsten weiter.

Die vier Fragen sind:
- Können Sie dieses Gefühl willkommen heißen?
- Können Sie dieses Gefühl loslassen?
- Wären Sie bereit dazu, dieses Gefühl loszulassen?
- Wann?

Können Sie dieses Gefühl willkommen heißen? Falls Sie das nicht spontan bejahen können, dann spüren Sie Ihrem inneren Widerstand nach. Fragen Sie sich, ob Sie den Widerstand willkommen heißen können.

Können Sie dieses Gefühl loslassen? Es ist gleichgültig, wie dieses Loslassen konkret ablaufen soll. Entscheidend ist, ob es möglich ist, das negative Gefühl oder den Widerstand loszulassen. Beantworten Sie diese Frage wiederum entweder mit Ja oder mit Nein. Sollten Sie mit Nein antworten, gehen Sie trotzdem zur nächsten Frage weiter. Ihre Gedanken- und Gefühlswelt ist bereits in Bewegung gekommen.

Wären Sie bereit dazu, dieses Gefühl loszulassen? Es geht um Ja oder Nein. Nicht um Wie oder Warum. Es geht lediglich um Ihre Bereitschaft, das Gefühl loszulassen, nicht um Ihre Fähigkeit.

Wann? Hier sind alle Antworten erlaubt: jetzt, jetzt noch nicht, bald ...

Nachdem Sie alle Fragen beantwortet haben, wiederholen Sie den Prozess noch einige Male, bis Sie merken, dass sich das Gefühl deutlich verändert hat. Das ist manchmal nach drei Durchgängen der Fall, manchmal braucht es neun oder mehr Wiederholungen. Sobald Sie sicher sind, dass Sie sich von dem Gefühl befreit haben, genießen Sie diesen friedlichen Moment voller Leichtigkeit und Gelassenheit.

Keine Macht den negativen Glaubenssätzen

„Ob Sie glauben, Sie können es, oder ob Sie glauben, Sie können es nicht, Sie werden auf jeden Fall Recht behalten." Dieser Satz von Henry Ford fasst kurz, knapp und sehr treffend zusammen, was Glaubenssätze sind. Wir sind unsere Gedanken! Wir selbst bestimmen, was wir wahrnehmen und wie wir es wahrnehmen – meistens ohne es zu bemerken. Dabei hat dieses Was und Wie entscheidende Wirkung auf unser Leben und unsere Zufriedenheit. Glaubenssätze beeinflussen unsere Stimmung, unser Selbstwertgefühl und unsere Sicht auf die Menschen.

Unsere Einstellungen sind wie Scheinwerfer, die unseren Blick lenken. Denke ich negativ, sehe ich überall ein Problem und nur schlimme Ereignisse. Ohne groß zu suchen, werde ich immer genau das bestätigt finden. Gehe ich dagegen optimistisch an die Dinge heran und suche nach Gelegenheiten und Positivem, dann werde ich auch das finden. Klingt einfach und ist es im Grunde auch.

Was sind Glaubenssätze?

Glaubenssätze können wir uns wie einen Filter vorstellen, mit dem wir unsere Umwelt wahrnehmen. Das ist grundsätzlich gut, denn wir können die vielen Eindrücke, die wir sekündlich erleben, gar nicht alle aufnehmen.

So baut jeder von uns zeit seines Lebens seine eigene Filteranlage an Glaubenssätzen auf. Manche davon sind förderlich für uns, zum Beispiel Mut machende Überzeugungen wie „Egal, was passiert, das Leben liebt mich." Andere bewirken genau das Gegenteil, sie bremsen uns aus, blockieren uns. Da unser Organismus auf Überleben getrimmt ist, sind wir sehr empfänglich für negative Glaubenssätze, die uns vor Gefahren schützen sollen. Grundsätzlich ist das gut, aber ein ständiges „Ich kann dies und jenes nicht", „Ich bin zu dick, um gemocht zu werden", „Ich bin zu alt für etwas Neues", „Ich bin zu dumm, um mit dem Computer klarzukommen" – das ist zermürbend und kontraproduktiv.

Wer glaubt, er sei nicht liebenswert, weil er sich beispielsweise zu dick findet, der wird durch diese Wahrnehmungsbrille nur das sehen, was den Glaubenssatz bestätigt und bestärkt. Meistens befinden sich noch weitere Schläge auf die Psyche im Schlepptau wie „Ich bin ein Versager" oder „Ich habe es nicht verdient, dass man mir zuhört." All das wirkt auf unsere Identität und beeinflusst unser Verhalten und unser Befinden.

Wie bilden sich Glaubenssätze?

Wir speichern kontinuierlich bewusst und unbewusst Informationen und Erinnerungen, die uns prägen. Das beginnt schon im Mutterleib, und insbesondere als Kind nehmen wir viele Informationen auf, die wir abspeichern und nicht hinterfragen. Dazu gehören zum Beispiel Verhaltensweisen von Erwachsenen wie auch Sprüche, die wir hören. Der Vater meckert bei jeder Gelegenheit über seinen Chef – ganz klar: Vorgesetzte scheinen per se schlimme Menschen zu sein. Die Großmutter pflegte immer zu sagen „Zuerst die Arbeit, dann das Vergnügen" – logisch: Arbeit und Spaß sind zwei unterschiedliche Dinge und haben nichts miteinander zu tun. Ohne darüber nachzudenken, übernehmen wir die Gedanken und Verhaltensweisen von anderen als allgemeingültige Gesetze und gehen mit diesen im Gepäck auf unsere Lebensreise. Woran merkt man nun, dass man sich von einem ungünstigen Glaubenssatz leiten lässt?

> Negative Glaubenssätze schränken ein. Sie zu entlarven und aufzulösen befreit.

Wie entlarvt man ungünstige Glaubenssätze?

Da wir Glaubenssätze für wahr halten, ist es oftmals sehr schwer, sie zu entlarven. Alles, was um uns herum passiert, nehmen wir durch unseren persönlichen Filter wahr, sodass die „Realität" immer diesem Glaubenssatz entspricht.

Mit Profis negativen Gedanken auf die Schliche kommen Glaubenssätze entlarven Sie zum Beispiel durch gezielte Fragetechniken oder durch eine Persönlichkeitsanalyse. Suchen Sie sich dafür am besten einen Profi, denn dieser ist neutral. Mit einem Therapeuten oder

Coach können Sie diskutieren: „Ist das so? Ist das hundertprozentig wahr, gibt es dazu keine Gegenbeispiele?" Oftmals purzeln bei solchen Gesprächen auch andere aus Glaubenssätzen geschaffene Kartenhäuser zusammen.

Notieren Sie Ihre unangenehmen Gefühle Notieren Sie eine Woche lang alle unangenehmen Gefühle und zwar sofort, wenn sie auftreten. Bewerten Sie sie nach ihrer „Schwere" von Null (keine Belastung) bis 100 (sehr große Belastung). Schreiben Sie dann einen Gedanken dazu auf, was wohl der Grund für Ihr Gefühl sein könnte. Zum Beispiel: „Gerade habe ich mich über meine Kollegin geärgert. Das Gefühl liegt bei 80. Immer gibt sie ihre Arbeit zu spät und unvollständig ab und dann muss ich ran."

Gehen Sie nach zwei Wochen Ihre Notizen durch. Lassen sich Muster erkennen? Gab es Momente, in denen Sie zum Beispiel dachten „Typisch, dass passiert immer mir"? Welche waren das? Und wie kam es dazu? Welche Gründe stecken hinter Ihren Handlungen? Nehmen Sie zum Beispiel Mehrarbeit an, um unentbehrlich zu sein? Oder treibt Sie die Angst vor Fehlern und das fehlende Vertrauen in die Fähigkeiten der anderen Person zur Mehrarbeit? Oder haben Sie Schwierigkeiten, andere Arbeitsstile und Arbeitsergebnisse auszuhalten, vielleicht weil Sie zu perfektionistisch sind?

Methoden, um negative Glaubenssätze loszuwerden

Achten Sie auf Ihre inneren Dialoge Sprechen Sie über und mit sich selbst in der Du-Form statt in der Ich-Form. Das macht Sie bei Stress souveräner, überlegter und optimistischer. Wahrscheinlich, weil man in der Du-Perspektive mehr Distanz schaffen kann – auch zu seinen ungünstigen Glaubenssätzen. Wenn Ihre innere Stimme einen typischen Satz ausspricht, dann wandeln Sie diesen in die Du-Form um. „Ich bin doof" wirkt wie eine unumstößliche Tatsache, während „Du bist doof" einen gewissen inneren Widerstand auslöst.

Glaubenssätze mit „The Work" auflösen Die Methode „The Work" wurde von der US-Amerikanerin Byron Katie entwickelt. Es ist ein einfacher und effizienter Weg, behindernde Gedanken und Glaubenssätze aufzulösen. Das Augenmerk der Methode liegt darauf, dass wir in unserem Denken die Perspektive wechseln, indem wir unsere pessimistischen oder limitierenden Gedanken hinterfragen. So können wir unseren Blick erweitern und ausgeblendete Erfahrungsanteile (wieder-)entdecken.

Der Ablauf ist sehr einfach – auch hier bietet es sich an, die ersten Male mit einer anderen Person, am besten einem Profi zu machen. Nennen Sie einen typischen Glaubenssatz wie „Ich kann nicht singen", „Ich werde immer übersehen" oder „Nur ich werde vom Müller angeschnauzt" und schreiben Sie diesen auf. Beantworten Sie dann folgende Fragen – in Ruhe und detailliert:

- Ist das wahr?
- Kann ich mir absolut sicher sein, dass das wahr ist?
- Wie reagiere ich, wenn ich diesen Gedanken glaube?
- Wer wäre ich ohne diesen Gedanken?

Ganz wichtig: Es geht um den Gedanken, nicht um die Gefühle, die der Gedanke hervorruft. Also nicht „Ich bin sauer auf mich, weil ich immer bei irgendwem anecke", sondern „Ich ecke immer bei irgendwem an."

Bilden Sie nun eine Umkehrung zu Ihrem Glaubenssatz, wie zum Beispiel „Ich komme gut bei anderen an". Finden Sie dann drei echte und überzeugende Beispiele, die belegen, dass diese Aussage auch wahr ist, wie zum Beispiel „Das hat mir Julia gesagt", „Das habe ich auf dem Betriebsfest gespürt", „Beim Networking Event habe ich sofort Anschluss gefunden."

Seien Sie erfinderisch und spielerisch beim Umkehren. Alles, was Ihre Perspektive verändert und Ihnen mehr Informationen zugänglich macht, ist hilfreich. Neben der Umkehrung der Aussage können Sie zum Beispiel auch über Folgendes nachdenken: „Es gibt Menschen, die ecken bei mir an" oder gar „Ich ecke bei mir selbst an." Finden Sie auch hierzu drei Beispiele. Diese neuen, fremden Gedanken öffnen Ihren Blick und befreien Sie vom negativen Glaubenssatz.

DAS ZÜRCHER RESSOURCEN MODELL BEI GLAUBENSSÄTZEN

Neben den hier genannten Methoden ist insbesondere das Zürcher Ressourcen Modell (ZRM®) ein sehr effizienter Weg, um ungünstige Glaubenssätze loszuwerden und sich gleichzeitig neue förderliche Gedanken anzueignen. Da ZRM® noch viel mehr kann und eine sehr umfassende Methode ist, stelle ich sie in einem eigenen Kapitel „Wie werde ich, wer ich sein will?" ab Seite 154 vor.

Mit Genuss stärken

Nehmen Sie positive Dinge und Erlebnisse wahr und können Sie sie genießen? Wenn Ihnen das möglich ist, zieht das eine Vielzahl von positiven Effekten nach sich, wie Fred Bryant, Professor an der Loyola University Chicago, nachweisen konnte. Genussfähigkeit fördert Ihre Gesundheit, Lebensfreude und Zufriedenheit. Es stärkt Ihr Selbstwertgefühl, verbessert Ihre Konzentration und Gelassenheit und macht Sie umgänglicher.

So trainieren Sie Ihre Genussfähigkeit

Gutes mitteilen Widerfährt Ihnen etwas Gutes oder haben Sie an etwas Freude, dann teilen Sie es mit anderen. Dabei ist unwichtig, ob Ihnen die Person nahesteht oder nicht. Glücksmomente mitzuteilen verstärkt die guten Gefühle, die damit verbunden sind.

Schulen Sie Ihre Sinne Gönnen Sie sich immer wieder Moment der Achtsamkeit, wenn Sie ein schönes Lied hören, etwas Gutes essen oder Feines riechen. Nehmen Sie die Schönheit wahr und konzentrieren Sie Ihre Sinne darauf.

Leben Sie Ihr gutes Gefühl aus Es müssen keine Jubelschreie oder Freudentränen sein, aber erlauben Sie sich, Ihr Hochgefühl auszuleben. Lassen Sie die Freude fließen – ein kleiner Hüftschwung oder Hüpfer, und Sie haben das gute Gefühl im ganzen Körper.

Halten Sie gute Erinnerungen fest Verinnerlichen Sie schöne Momente mit allen Sinnen, aber lassen Sie das Handy oder den Fotoapparat in der Tasche. Seien Sie im Moment und speichern Sie ganz bewusst alle Details in Ihrer Umgebung: das Licht, die Farben, die Gerüche, die Geräusche. Vertiefen Sie sich in das gute Gefühl und kosten Sie den Moment voll aus.

Loben und beglückwünschen Sie sich Loben und beglückwünschen Sie sich, wenn Ihnen etwas gut gelungen ist. Das ist keine Angeberei. Wenn Sie Schweiß und Mühe in etwas gesteckt habe, dürfen Sie stolz auf Ihre Leistung sein und sich über ein gutes Ergebnis freuen.

Achtsamkeit üben

Zahlreiche wissenschaftliche Studien beschreiben, dass Menschen, die Achtsamkeit praktizieren, ein höheres Wohlbefinden und eine größere Belastbarkeit entwickeln. Sie sind feinfühliger und toleranter im Umgang mit anderen Menschen und verbessern ihre Konzentrationsfähigkeit. Sie sind mitfühlender mit sich selbst und anderen gegenüber, was Freundlichkeit, Großzügigkeit, Offenheit und Mut einschließt. Alles Eigenschaften, die uns stärken und uns darin unterstützen, gekonnt mit schwierigen Zeitgenossen umzugehen!

> Achtsamkeit hilft, sich auf das zu konzentrieren, was ist, statt sich in „Grübelspiralen" zu verlieren.

Was ist Achtsamkeit?

Der Begriff Achtsamkeit stammt aus der buddhistischen Philosophie und Psychologie. Was wir mit Achtsamkeit übersetzen, heißt in Sanskrit *samyaksmṛti* und ist Teil des Edlen Achtfachen Pfads. Dieser Weg soll zum einen das Leiden beenden und uns zum anderen ermöglichen, unser Leben in Einklang mit der Wirklichkeit zu führen. Achtsamkeit wird dabei nicht als isolierte geistige Übung verstanden, sondern als ein Bestandteil unseres alltäglichen Lebens.

Als Urvater der westlichen Achtsamkeitspraxis kann man sicherlich den US-Amerikaner Jon Kabat-Zinn bezeichnen. Er entwickelte in den 1970er-Jahren das erfolgreiche MBSR-Verfahren (Mindfulness-Based Stress Reduction), ein achtwöchiges Programm, um durch achtsamkeitsbasierte Psychotherapieverfahren spezifische Störungsbilder wie Stress zu reduzieren.

Gemäß Kabat-Zinn bezeichnet der Begriff Achtsamkeit das Gewahrsein, das entsteht, wenn die Aufmerksamkeit absichtsvoll und nicht wertend in den gegenwärtigen Moment gebracht wird und diese Erfahrung sich von Augenblick zu Augenblick entfaltet.

Bei der Praxis der Achtsamkeit geht es also nicht um Schönfärberei oder Steigerung des Glücksgefühls – obwohl sich dieses Klischee hartnäckig hält. Es geht nicht darum, Probleme auszublenden oder positive Gefühle zu generieren, sondern mit beiden Beinen in der Realität zu stehen.

Einfache Achtsamkeitsübungen

Achtsamkeit kann jeder lernen. Die folgenden Übungen sind einfach und lassen sich mühelos in den Alltag integrieren. Wählen Sie eine oder zwei aus, die Ihnen zusagen, nach einer gewissen Zeit können Sie weitere Übungen hinzunehmen. Es geht jedoch nicht darum, möglichst viele Übungen zu bewältigen. Führen Sie lieber einige wenige Übungen durch, diese aber regelmäßig und mit Freude.

Achtsamer Start in den Tag

Wie stehen Sie morgens auf? Springen Sie beim ersten Weckerklingeln sofort aus dem Bett oder drehen Sie sich noch mal um und dösen eine Runde? Welche Variante auch immer die Ihre ist: Sollte Ihr Tag stets mit Hektik beginnen – schnell duschen, rasches Frühstück (wenn überhaupt), schnell, schnell, dann bietet Achtsamkeit am Morgen eine gute Möglichkeit, den Tag anders zu starten, sodass es einen positiven Nachhall für den gesamten restlichen Arbeitstag erzeugt.

Wenn der Wecker klingelt, dann springen Sie nicht sofort aus dem Bett, aber drehen Sie sich auch nicht nochmals um, um wieder einzuschlafen. Setzen Sie sich mit geöffneten Augen aufrecht auf die Bettkante. Atmen Sie mehrmals tief ein und aus. Spüren Sie Ihren Körper? Was fühlen Sie wo? Lassen Sie dabei Gedanken kommen und gehen – ohne an ihnen festzuhalten. Wie fühlen Sie sich? Recken und strecken Sie sich. Beginnen Sie dann nach ein paar Minuten den Tag. Sie können sich auch abends vor dem Einschlafen einen bewussten Moment der Achtsamkeit gönnen, wenn Ihnen Achtsamkeitsübungen am Morgen nicht liegen.

Achtsames Sehen

Bei dieser Übung wird die Aufmerksamkeit auf eine bestimmte Farbe gelenkt. Auf dem Weg zur Arbeit, bei einem Spaziergang, während man im Stau steht, scannt man die Umgebung nach einer bestimmten Farbe ab. Es ist erstaunlich, was man alles wahrnimmt, wenn man seine Umwelt mit einem bewusst ausgewählten Filter betrachtet. Empfehlenswert sind Farben, die in dieser Umgebung selten sind, zum Beispiel Blau im Wald oder Magenta in der Stadt oder Farben, mit denen man bestimmte Eigenschaften verbindet, beispielsweise Rot und Energie.

> Ziel der Achtsamkeitspraxis ist, mit sich selbst in Kontakt zu kommen.

Achtsames Hören

Lenken Sie beim Hören von Musik Ihre Aufmerksamkeit auf ein bestimmtes Instrument, auf den Takt, die Gesangsstimme. Filtern Sie raus, was Sie hören. Nehmen Sie auch wertfrei wahr, was Sie nicht hören. Während Spaziergängen können Sie Ihr Gehör auf Vogelgezwitscher konzentrieren oder in einer Fußgängerzone auf Kinderlachen.

Achtsames Sitzen

Körper und Geist beeinflussen sich gegenseitig. Sitze ich immer geknickt, fühle ich mich mit der Zeit geknickt. Eine kraftvolle Sitzhaltung erzeugt Energie, die auch nach außen spürbar ist. Scannen Sie Ihren Körper: Wie berühren meine Füße den Boden? Mit der gesamten Fußsohle oder mit den Fußspitzen? Wie bin ich geerdet? Wie stehen meine Füße? Zeigen die Zehen nach innen oder nach außen? Wie fühlen sich die Zehen an? Ist meine Brust offen? Wie verläuft mein Atemfluss? Ist meine Wirbelsäule aufrecht, wie fühlen sich meine Schultern an?

Achtsames Gehen

Ob Sie schlendern, flott gehen oder joggen: Achten Sie auf ein bestimmtes Körperteil. Das können die Füße sein, wie und wo sie den Boden berühren, wie sie abrollen. Oder wie fühlt sich mein Nacken an? Mein Kiefer? Oder meine rechte Hand? Falls Ihr Geist beginnt zu wandern, dann bringen Sie ihn wieder sanft zurück zum ausgewählten Körperteil.

Achtsame Routine

Jeder Tag ist mit Routinehandlungen gefüllt. Ob Duschen, Staubsaugen, Essen oder Jacke anziehen: Wie viele Dinge machen wir im Autopilotmodus? Eine Möglichkeit, die Automatik von routinierten Bewegungsabläufen zu durchbrechen, ist, diese ganz bewusst wahrzunehmen. Beim Zähneputzen wäre das etwa, die Zahnbürste wahrzunehmen, den Geschmack der Zahnpasta, die Geräusche beim Zähneputzen und so weiter. Sie können die bewusste Wahrnehmung noch steigern, indem Sie sich Schritt für Schritt erzählen, was Sie gerade tun. Oder Sie verbinden die Übung mit einer Variante, die ein kleiner Jungbrunnen für unser Gehirn ist: Nutzen Sie bei der Aufgabe die nicht dominante Hand. Für Rechtshänder heißt das, beim Zähneputzen, Kartoffelschälen oder Blumengießen die linke Hand zu benutzen.

Die eigene Kritikfähigkeit stärken

„Das ist jetzt nicht persönlich gemeint, aber ..." Wer hat das noch nie gehört? Der Ratschlag, man solle Kritik ernst, aber nicht persönlich nehmen, ist theoretisch richtig, praktisch aber oft schwer umsetzbar. Viele von uns reagieren zunächst emotional, egal wie sachlich oder berechtigt die Kritik ist. Es stärkt Sie ungemein, wenn Sie es schaffen, selbstbewusst und konstruktiv mit Kritik umzugehen. Doch wie geht das?

> So wenig wir es mögen, kritisiert zu werden, so sehr stärkt es uns, wenn wir lernen, mit Kritik umzugehen.

Erst mal durchatmen

Nehmen Sie sich einen Moment Zeit, wenn Sie kritisiert werden, und entscheiden Sie, ob es sich lohnen könnte, die Kritik anzunehmen. Vielleicht ist etwas Wahres dran, über das Sie nachdenken könnten. Manche Äußerungen sind verletzend, weil sie unglücklich formuliert sind – da heißt es, erst mal durchatmen und sich beruhigen. Sie müssen eine E-Mail oder SMS nicht sofort beantworten. In einem Gespräch müssen Sie nicht prompt reagieren, eine kurze Denkpause ist in Ordnung. Sie können auch nachfragen, ob Sie die Kritik richtig verstanden haben, und das Gesagte einfach wiederholen. So lassen sich auch Missverständnisse schnell klären.

Was wird kritisiert?

Schauen Sie sich an, was genau kritisiert wird. Richtet sich die Kritik gegen Sie persönlich? Oder geht es um einen bestimmten Sachverhalt oder eine Situation? Versuchen Sie, das Problem ganzheitlich zu betrachten und sachlich zu bleiben. Gehen Sie nicht sofort auf die Palme und beginnen damit, sich zu verteidigen. Erklären Sie ruhig Ihren Standpunkt und warum Sie so gehandelt haben.

Wer äußert die Kritik?

Wer kritisiert Sie? Kritik hängt stark von der Person, von ihren Kommunikationsfähigkeiten und ihrer grundsätzlichen Denkweise und Geisteshaltung ab. Wohlwollende Kritik, bei der sich der andere um Sie sorgt, ist wertvoll. Kommt sie von einem notorischen Nörgler oder Schwarzseher, sollten Sie sich gut überlegen, ob und wie viel Sie davon annehmen. Sehr oft sagen seine kritische Worte mehr über ihn und seine Weltanschauung aus, als dass sie etwas mit Ihnen zu tun haben.

> Kritikfähigkeit bedeutet auch, nicht nachtragend zu sein, auch wenn Sie ungerechtfertigt kritisiert wurden.

Konstruktiv mit der Kritik umgehen

Kritik eröffnet uns Einblicke über uns und unser Tun, die uns vielleicht bisher verborgen waren. Das Wissen über blinde Flecken stellt eine Chance dar, in unserer Persönlichkeit zu wachsen, zu lernen oder uns zu verändern. Egal, wie hart die Kritik sein mag, es liegt an Ihnen, wie Sie reagieren. Es ist nie schön, wenn man viel Engagement in ein Projekt gesteckt hat und dann nur Kritik erntet.

Positiv daran ist, dass der andere sich zumindest irgendwie damit beschäftigt hat. Vielleicht gibt es den einen oder anderen Punkt, den Sie aufgreifen können, um sich oder Ihre Arbeit zu verbessern? Meist ist es eine gute Idee, den Kritiker mit ins Boot zu holen. Denken Sie gemeinsam darüber nach, was Sie ändern können.

Für die Kritik bedanken

Wenn der andere aus besten Absichten heraus gehandelt hat, bedanken Sie sich für seine Anregungen. Auch für den Kritiker ist die Situation oft unangenehm, und selbst wenn vielleicht nicht jede Formulierung optimal gewählt wurde, können Sie trotzdem seine Bemühungen würdigen.

Klar kommunizieren

„Man kann nicht nicht kommunizieren", sagte der Kommunikationswissenschaftler und Psychotherapeut Paul Watzlawick. Es kommt also darauf an, Informationen sowohl besonnen als auch gezielt weiterzugeben. Beim Sprechen wachsam und aufmerksam zu sein, führt automatisch zu einer großen Souveränität, durch die man keinerlei Schlagfertigkeit braucht – gleichgültig, welche Show Ihr Plagegeist gerade abzieht. Selbst Beleidigungen, Scheinargumentation und Killerphrasen perlen dann an Ihnen ab. Bei sich und achtsam zu sein, bietet Ihnen die Möglichkeit, authentisch und wie ein Fels in der Brandung Ihre Interessen zu vertreten.

> Kommunikation verbindet und trennt Menschen.

Elegant Nein sagen

Nein zu sagen, ganz egal aus welchem Grund, ist für viele von uns schwer. Mehr noch, viele finden es unangenehm, Grenzen zu ziehen und ihren Bereich zu schützen. Erziehung und Sozialisation sowie persönliche Bedürfnisse nach Anschluss, Harmonie und Anerkennung legen uns hier Steine in den Weg.

Aber so unangenehm der Moment sein mag, bei einer Absage fahren Sie am besten, wenn Sie ehrlich sind. Wir alle wissen, wie oft selbst die beste Besänftigungsrhetorik ihr Ziel verfehlt. Ebenso wie Ausreden, da der andere immer merkt, dass hinter den „Gründen" nicht die ganze Wahrheit steckt. Bevor Sie sich in Argumentationsstricken verheddern und einem schwierigen Zeitgenossen vielleicht auch noch Zündstoff bieten für seine nächste Explosion, sagen Sie lieber ganz ehrlich, was Sie wollen und was nicht. Was kann schlimmstenfalls passieren? Womöglich ist die Wahrheit gar nicht so schlimm für den anderen, wie Sie annehmen?

Sich für ein Nein zu entscheiden, legt den Fokus auf Ihre Bedürfnisse und Prioritäten und tut etwas für Ihre Zufriedenheit und Gesundheit. Wenn Sie immer nur Ja sagen, sind Sie fremdbestimmt, haben weniger Zeit, verzetteln sich und sind schließlich erschöpft.

Verzichten Sie also auf Ausreden und verzögern Sie keine Entscheidungen. Sagen Sie freundlich und eindeutig Nein. Seien Sie sich darüber bewusst, dass Sie nicht für das Frustrationsmanagement des anderen zuständig sind. Nein zu sagen macht Sie nicht zu einem schlechten oder egoistischen Menschen. Unterdrücken Sie auch den inneren Zwang, sich zu rechtfertigen. Wir meinen allzu oft, dass wir anderen eine Erklä-

> Mit einem klaren Nein können Sie sich Respekt verschaffen.

rung schuldig seien. Sie können begründen, warum Sie etwas nicht wollen, aber Sie müssen sich dafür nicht rechtfertigen. Und sollte unser Quälgeist durch unsere Absage derart gekränkt sein, dass er (fürs Erste) nicht mehr mit uns spricht, ist das wahrscheinlich eher kein Weltuntergang.

Was Worte über uns verraten

Mit unserer Wortwahl beeinflussen wir nicht nur andere, sondern auch uns selbst, zum Beispiel, wie wir unsere Umwelt wahrnehmen oder uns an Situationen erinnern. Das hat einen Einfluss auf unsere Weltsicht und Seelenlage – auf unser Verhalten gegenüber uns selbst und anderen. Nur wenigen Menschen ist bewusst, wie die Sprache unser Denken und Fühlen beeinflusst.

Wörter sind wahre Richtungsweiser. Sie zeigen, in welche Richtung wir denken – optimistisch oder pessimistisch, von mir weg oder achtsam bei mir. Es ist wissenschaftlich belegt, dass die von uns tagtäglich benutzten Wörter Einfluss auf uns nehmen: wie wir denken und handeln, was wir wahrnehmen und woran wir uns erinnern.

„Wie geht es dir?" – „Eigentlich ganz gut."
„Wie ist das Essen?" – „Gar nicht so schlecht."
„Möchtest du einen Tee oder einen Kaffee?" – „Ich glaube, ich hätte gerne einen Kaffee."

Haben Sie die eine oder andere Formulierung wiedererkannt? Von sich selbst oder von anderen? Die Liste an Füllwörtern und negativen Formulierungen, die unsere Aussagen verwässern, ist lang. Vieles, was wir sagen, klingt dadurch halbherzig und lässt einen verwirrten Zuhörer zurück. Beliebte Wörter sind „eigentlich", „vielleicht", „sozusagen" oder „eventuell". Damit gefüllte Sätze schwächen die Aussage oder können diese sogar unverständlich machen. „Gefällt dir das Geschenk?" – „Eigentlich ja." Und uneigentlich?

Eine positive Wortwahl

Der US-amerikanische Hirnforscher Andrew Newberg beschäftigt sich unter anderem damit, wie wir durch die Art unserer Kommunikation die neuronale Funktion des Gehirns verbessern können. Er geht davon aus, dass theoretisch jedes einzelne Wort die Kraft hat, physischen und emotionalen Stress zu regulieren. Er glaubt, dass ein kontinuierliches Training unserer Sprachzentren unsere neurologische Fähigkeit stärkt, kreativ und konstruktiv mit Problemen umzugehen.

Wenn wir unsere typische Wortwahl insbesondere bei negativen Erlebnissen überprüfen, eröffnet uns dies große Chancen, andere und emotional bessere Entscheidungen zu treffen. Dabei geht es gar nicht nur um Schimpfwörter und Verwünschungen, sondern darum, wie man gewohnheitsmäßig negative Erlebnisse beschreibt. War der Stau grauenvoll oder einfach nur nervig? Ist der Schnupfen furchtbar oder lästig? Hat jemand meinem Vorschlag nicht zugestimmt oder hat er ihn abgeschmettert? Jedes Mal, wenn wir mit negativen Worten auf eine Situation reagieren, trainieren wir unsere Wahrnehmung, Situationen in Zukunft noch stärker als stress- oder angstbelastet zu erleben.

Die Wahl unserer Worte sollte also mit Bedacht geschehen, jedoch ohne zwanghaft nur noch positive Begriffe zu verwenden. Die Erkenntnis, dass unsere Worte auf uns und andere wirken, bedeutet im Umkehrschluss nicht, Negatives zu leugnen oder zu verdrängen. Jedoch macht es einen Unterschied, ob ich den Ärger einfach benenne oder ihm mit einem Gewitterhagel von Verwünschungen begegne.

Überlegen Sie, welche Wörter Sie häufig benutzen. Eher positive oder eher negative? Identifizieren Sie drei Wörter, die Sie regelmäßig verwenden und die Ihre negativen Gefühle verstärken. Finden Sie nun drei alternative Wörter, welche die Intensität dieser negativen Emotionen senken. Wenn Ihnen nichts einfällt, können Sie im Duden nachschauen oder im Internet auf openthesaurus.de, synonyme.woxikon.de oder gegenteile.net.

Versuchen Sie, in der nächsten Zeit die neuen Wörter gegen die Gewohnheitswörter auszutauschen. Auch das nicht zwanghaft, aber entwickeln Sie ein Bewusstsein dafür, welche Begriffe Sie verwenden. Wenn Sie sich dabei ertappen, eines der negativen Wörter zu benutzen, haben Sie schon viel erreicht.

Kleine Tricks mit großer Wirkung

Es fällt Ihnen schwer, Ihre eigenen Interessen durchzusetzen? Ganz besonders, wenn Sie es mit einem schwierigen Zeitgenossen zu tun haben? Damit sind Sie nicht alleine. Aufgrund gesellschaftlicher Konventionen und persönlicher Scheu versuchen viele Menschen erst gar nicht, andere zu überzeugen. Bevor sie es überhaupt probieren, kapitulieren sie bereits: „Das klappt sowieso nicht. Was soll's." Bei schwierigen Gesprächspartnern finden sie vorauseilend

> Menschen lassen sich ungern vorschreiben, was sie zu tun oder zu lassen haben.

jede Menge Argumente, warum sie die Auseinandersetzung besser erst gar nicht beginnen. Dabei wäre es oftmals gerade hier wichtig, den eigenen Standpunkt klarzumachen, Grenzen zu setzen und sich durchzusetzen.

Tipps, um andere gekonnt zu überzeugen

Nehmen Sie den anderen als Menschen wahr Das mag pathetisch klingen, denn bei Überzeugungsgesprächen hat man es logischerweise immer mit einem Menschen zu tun. Dennoch gilt es diesen Punkt zu beachten. Häufig wird das Gegenüber nicht nur in irgendeine Schublade geworfen, sondern auch noch zum Objekt degradiert. Insbesondere in Verkaufsgesprächen passiert das oft – gleichgültig, was Sie sagen, der Verkäufer spult die immer gleiche Leier ab und betet seine Argumente herunter. Wenn Sie jemanden überzeugen wollen, nehmen Sie ihn in seiner Ganzheit wahr und gehen auf ihn ein – insbesondere dann, wenn es sich um einen schwierigen Zeitgenossen handelt.

Nutzen Sie Empathie als Verhandlungsprinzip Menschen kann man am besten überzeugen und begeistern, indem man positive Erwartungen und Gefühle weckt. Das geht nur, wenn Sie sich in andere einfühlen können und verstehen, was sie bewegt und motiviert. Je besser Sie die Motive und Wünsche Ihrer Verhandlungspartner erkennen, desto überzeugender werden Sie sein.

Laden Sie zum Perspektivwechsel ein Menschen reagieren meist sehr positiv auf ein Vorhaben, wenn sie sich selbst sagen hören, warum sie etwas wollen. Möchte Ihr Gesprächspartner etwas anderes als Sie, könnten Sie ihn bitten, einfach mal zu überlegen, was an Ihrem Vorschlag interessant oder spannend sein könnte. Der Perspektivwechsel gibt Ihrem Ansinnen einen neuen Rahmen. Das mag nicht vollends überzeugen, bringt die andere Person Ihrer Idee aber näher.

Bereiten Sie die „beste Alternative" vor Sic verbessern Ihre Verhandlungsposition, wenn Sie eine „beste Alternative" im Gepäck haben. Diese haben Sie sich vor dem Zusammentreffen mit Ihrem Gesprächspartner zurechtgelegt und sie dient Ihnen als Kompass, was Sie tun werden, wenn keine Entscheidung zustande kommt. Mit ihr setzen Sie Grenzen, bis wohin Sie mit sich verhandeln lassen und was Sie nicht akzeptieren werden. Das schützt Sie vor schlechten Übereinkünften, vor allem dann, wenn der andere Druck macht. Das Wissen um Ihre „beste Alternative" ermöglicht Ihnen mehr Freiheit im Gespräch, da Sie wissen, ab welchem Punkt Sie aus der Verhandlung aussteigen werden.

Stimmen Sie den anderen positiv ein Kommen Sie nicht sofort zur Sache, sondern lassen Sie den anderen so oft wie möglich etwas bejahen: „Möchten Sie etwas trinken?", „Sitzt du gut?", „Ist es Ihnen hell genug?" usw. Aus sozialpsychologischen Experimenten ist bekannt, dass man das Verhalten von Menschen durch entsprechende erste Reize in bestimmte Bahnen lenken kann. Indem der andere mehrmals etwas bejaht, wird er positiv eingestimmt. Ein warmes Getränk kann diesen Effekt verstärken.

Nutzen Sie nur wenige Argumente Verwenden Sie höchstens drei Argumente, um jemanden zu überzeugen. Bei mehr Argumenten fühlen sich Menschen leicht manipuliert und unter Druck gesetzt. Ihre Aufmerksamkeit wird von dem Kern der Sache abgelenkt, sie haben das Gefühl, sie sollen überredet werden.

Wählen Sie die Reihenfolge Ihrer Gründe mit Bedacht Dieser rhetorische Kniff basiert zum einen auf der Idee, dem anderen bei Entscheidungen die Kontrolle zu geben, zum anderen auf dem Wissen, dass man am ehesten auf das zuletzt Gesagte anspringt. Nennen Sie daher zu Anfang Ihr zweitbestes Argument. Es prägt sich mittelstark ein, weil es die Aufmerksamkeit Ihres Gegenübers einfängt. Nennen Sie dann Ihr schwächstes Argument. Oftmals ist Ihr Zuhörer noch beim ersten Gedanken, weshalb dieses Argument leicht überhört und schnell vergessen wird. Schließen Sie mit Ihrem besten Argument ab, denn das wird am stärksten wahrgenommen. Machen Sie sich darauf gefasst, dass dieses Argument der Hauptaufhänger für anschließende Diskussionen ist – was für Sie kein Problem sein wird, da es ja Ihr bestes ist.

> Führen Sie Ihr bestes Argument als letztes an.

Achten Sie auf Angebote Verfangen Sie sich nicht zu sehr in Ihrer Argumentation, sonst überhören Sie Chancen für Kompromisse. Das gilt sogar, wenn der andere ein Ultimatum stellt. Das ist meistens weniger in Stein gemeißelt, als es im ersten Moment wirkt. Lenken Sie Ihren Fokus auf die Zugeständnisse; selbst Einwände und Bedenken bergen Potenzial, um eine Lösung zu finden. Geben Sie Ihrem Gesprächspartner Raum und Zeit, seine Gründe darzulegen. Vielleicht steckt darin ein wichtiger Beitrag für eine Übereinkunft.

Behalten Sie Ihr primäres Ziel im Blick Vermeiden Sie Nebenschauplätze. Wenn der andere sich beispielsweise auf das schwächste Argument einschießt oder wenn es nur darum geht, Recht zu bekommen oder Kompetenz auszustrahlen. Sollte jemand zum Beispiel Ihre Fähigkeiten infrage stellen, weil Ihnen eine bestimmte Ausbildung fehlt, dann spielen Sie diesen Ball nicht zurück. Die Rechtfertigungsschleife führt Sie weg vom eigentlichen Thema und untergräbt Ihre Würde. Ignorieren Sie dies oder wiegeln Sie ab mit „Man muss nicht krank gewesen sein, um ein guter Arzt zu werden" oder „Das gehört nicht zum Thema" und fahren Sie dann fort.

Lassen Sie den Körper sprechen

Nonverbale Kommunikation findet ununterbrochen statt, wir können sie kaum unterdrücken oder ausschalten. Auch wenn Sie schweigen, drücken Sie sich über Ihre Körpersprache aus. Dazu gehören Gestik, Mimik, Körperhaltung und wie Sie den Raum einnehmen. Körpersprache beeinflusst die Beziehung zwischen Menschen und markiert Hierarchien.

Zwar entscheidet nonverbales Verhalten häufig darüber, wie wir jemanden wahrnehmen, aber Sie sollten Körpersprache nicht überinterpretieren bzw. sollten sie immer im Kontext sehen. Verschränkte Arme müssen nicht immer Ablehnung bedeuten. Vielleicht ist derjenige nur müde und ruht sich gerade aus. Es müssen also immer mehrere Signale berücksichtigt werden.

Sie können Ihre eigene Körpersprache beeinflussen und auch verändern. Wie bei jeder Verhaltensveränderung braucht das Geduld, Aufmerksamkeit und Training. So können Sie sich angewöhnen, im Gespräch mit Ihrer tyrannischen Chefin künftig aufrecht zu stehen und nicht nervös mit einer Haarsträhne oder der Krawatte zu spielen. Das heißt nicht, dass Sie gerade stehen sollen wie ein Zinnsoldat, sondern finden Sie einen Körperausdruck und Bewegungen, die zu Ihnen passen und bei denen Sie nicht verkrampfen. Üben Sie die gewünschten Gesten in Ihrem Alltag, vor allem in stressfreien Momenten, sodass Sie in schwierigen Situationen leichter – am besten irgendwann automatisch – darauf zurückgreifen können.

Im Folgenden mache ich einige Vorschläge, wie Sie Ihren Körper sprechen lassen können.

Bewegen Sie sich langsam So wie langsames und ruhiges Sprechen Kompetenz und Selbstbewusstsein ausstrahlt, wirken auch langsame Bewegungen selbstsicher und professionell. Schnelle Augenbewegungen oder wippende Beine unterhöhlen Ihre Souveränität, wie überhaupt alle raschen, unrhythmischen Bewegungen.

Signalisieren Sie Wertschätzung Wenden Sie Ihren gesamten Körper, auch die Fußspitzen, Ihrem Gegenüber zu. Sie signalisieren damit Wertschätzung. Da viele schwierige Menschen nach Aufmerksamkeit lechzen, können Sie mit dieser Haltung zum einen dieses Bedürfnis stillen. Zum anderen signalisieren Sie Stärke.

Achten Sie auf Ihren Stand Wer als kompetent wahrgenommen werden möchte, sollte sich groß, also sichtbar machen. Möchten Sie überzeugend oder selbstbewusst wirken, ist ein fester, hüftbreiter Stand besser als geschlossene oder gekreuzte Beine oder ein Knick in der Hüfte. Das gilt auch im Sitzen, selbst wenn man die Beine nicht sieht – Sie spüren sie, wie auch den festen Boden unter Ihren Füßen, vor allem unter Ihren Fersen. Erden Sie sich damit.

Halten Sie Ihre Hände und Arme seitlich und offen Die Hände seitlich und nicht vor den Bauch zu halten, wirkt offen und gegenwärtig. Legen Sie beim Sitzen die Arme daher am besten auf die Armlehne. Das verhindert einerseits, dass Sie die Hände vor dem Körper verschränken, und andererseits sind sie einsatzbereit, um Ihre Aussagen mit wohldosierten Gesten unterstreichen können. Beim Stehen lassen Sie die Arme seitlich hängen. Das mag ungewohnt sein, aber diese Haltung wirkt erwiesenermaßen auch über einen längeren Zeitraum hinweg natürlich. Wenn es Ihnen dennoch unangenehm ist, führen Sie Mittelfinger und Daumen zusammen. So können Sie Hände und Arme besser kontrollieren.

Nutzen Sie Ihren Blick Egal, wie schwierig der andere ist und was er sagt: Halten Sie Blickkontakt, ohne ihn zu fixieren. Das signalisiert innere Stärke und auch Lösungsbereitschaft. Wenn Sie sprechen und den nächsten Satz überlegen, können Sie den Blick auch abwenden, doch am Ende des Satzes oder Ihrer Ausführungen schauen Sie Ihr Gegenüber wieder an, um seine Reaktion wahrzunehmen.

WIE WERDE ICH, WER ICH SEIN WILL?

Sich zu verändern braucht Zeit und Geduld. Alte Routinen sind hartnäckiger, als wir glauben. Einige Male schaffen wir es, genau das zu tun, was wir wollen, aber dann werden wir wieder nachlässig. Das ist sogar bei Vorsätzen und Zielen der Fall, die uns sehr wichtig sind. In diesem Kapitel erfahren Sie, wie Sie herausfinden, was Sie wirklich wollen und wie es Ihnen gelingt, Verhaltensweisen nachhaltig zu verändern.

In den vorherigen Kapiteln haben Sie viel darüber gelesen, was im Umgang mit komplizierten Menschen und auch schwierigen Situationen unterstützt und hilft. Vielleicht haben Sie bei der einen oder anderen Idee gedacht: „Das gefällt mir, das könnte ich mal ausprobieren." Möglicherweise haben Sie sich sogar das eine oder andere vorgenommen, zum Beispiel: „Ab sofort werde ich auf meine Wortwahl achten", „Ab Montag werde ich jeden Tag zehn Minuten Achtsamkeit üben" oder „Ich beginne noch heute damit, meine negativen Glaubenssätze zu entlarven". Das sind gute, vernünftige und zielführende Vorsätze. Vielleicht setzen Sie einige dauerhaft um, andere zwei oder drei Mal, bis sie wieder in Vergessenheit geraten, wieder andere schieben Sie ewig vor sich her. Dabei wollen Sie es doch tun! Und es täte Ihnen so gut! Warum schaffen Sie es dann nicht?

Es einfach nur ganz stark zu wollen, reicht leider nicht, um eine lästige Angewohnheit abzulegen oder eine gewünschte neue Verhaltensweise langfristig – gar für immer! – zu leben. Vielleicht kennen Sie die leichten Beklemmungen, wenn jemand zu Ihnen sagt: „Du musst einfach nur den inneren Schweinehund überwinden!" oder „Ich habe es geschafft, dann schaffst du das auch!" Wenn es so einfach wäre, gäbe es die ganzen Diätbücher nicht, geschweige denn Rauchentwöhnungsprogramme, und der Wald wäre voller Jogger.

Sich seiner selbst sicher sein

An der Universität Zürich wurde von den beiden Psychologen Dr. Maja Storch und Dr. Frank Krause eine Methode entwickelt und wissenschaftlich auf ihre Wirksamkeit überprüft, die jeden dazu befähigt herauszufinden, was ihm wichtig ist, und dann seine Ziele umzusetzen. Diese Methode heißt Zürcher Ressourcen Modell (ZRM®) und wird im Folgenden vorgestellt.

Was hat das mit unseren Nervensägen zu tun? Zu wissen, was wir wollen und was unsere Bedürfnisse sind, hilft uns, mit schwierigen Menschen souverän umzugehen. Wie will mich jemand verunsichern, wenn ich mir meiner sicher bin? Wie soll mich einer aus dem Tritt bringen, wenn ich fest in mir verwurzelt bin? Andere können mich nur so weit verletzen, wie ich es selbst zulasse. Wenn ich weiß, was mir wichtig ist, kann ich entsprechende Prioritäten

> Bevor Sie etwas ändern können, müssen Sie wissen, was Sie wollen.

und auch Grenzen setzen. Dieses Wissen über mich selbst stärkt meinen Umgang mit negativen Gedanken und Gefühlen und ermöglicht mir, das Leben zu leben, das ich mir für mich wünsche. Menschen, die mir mit Neid, Eifersucht, Gejammer, Genörgel oder Beleidigungen begegnen, wecken dann eher mein Mitleid oder auch Mitgefühl, aber weniger Gefühle wie Wut, Ärger oder Ohnmacht. Das kann zwar auch vorkommen, vergeht aber schnell wieder.

Daher lohnt es sich für Sie herauszufinden, was Sie wirklich wollen – und dies dann umzusetzen. Nicht nur im Umgang mit schwierigen Menschen, sondern für das gesamte Leben, denn dieses Wissen stärkt Sie dauerhaft! Und wie Sie bereits gelesen haben, ist die Stärkung des Selbst meines Erachtens die effektivste Maßnahme, um mit komplizierten Menschen und schwierigen Situationen souverän umzugehen.

Das Zürcher Ressourcen Modell

Durch das Zürcher Ressourcen Modell kommt jeder schnell mit seinen unbewussten Bedürfnissen in Kontakt. Sie lernen Ihre bewussten und unbewussten Bedürfnisse so zu synchronisieren, dass Veränderungen mit Leichtigkeit und viel Selbstliebe umgesetzt werden können. Und Sie erhalten die erforderlichen Instrumente, um unliebsame Verhaltensmuster durch gewünschte zu ersetzen und selbstbestimmt durchs Leben zu gehen. Das Ganze funktioniert frei von Selbstkontrolle oder Selbstdisziplin und mit viel Spaß.

Das Hauptanliegen vom ZRM® ist, dass sich jeder über seine eigenen Lebensthemen klar wird, Ziele entwickelt, eigene Ressourcen entdeckt und die Fähigkeit erlangt, genau die Ressourcen zu aktivieren, die zielorientiertes Handeln ermöglichen. Diese aus sich selbst erzeugte Motivation lässt einen auch in belastenden Situationen souverän handeln.

Die innere Haltung macht den Unterschied

Zu Beginn eines jeden ZRM®-Trainings oder -Coachings geht es darum, die wahre Handlungsmotivation zu erkennen, denn die kann verschleiert daherkommen. Wollen Sie wirklich nur deswegen eine Weiterbildung beginnen, weil Sie beruflich weiterkommen wollen? Oder steckt dahinter vielleicht der Wunsch, es Ihrem immer nörgelnden Chef oder den arroganten Kollegen mal so richtig zu zeigen? Hoffen Sie möglicherweise auf mehr Selbstvertrauen und Sicherheit, wenn Sie ein Zertifikat in Händen halten? Nur wer seine (Lebens-)Themen klar formulieren kann, ist in der Lage, persönliche Ziele zu entwickeln, individuelle Ressourcen zu entdecken und auch in schwierigen Situationen zielorientiert zu handeln.

> Ein individuell erarbeitetes Haltungsziel funktioniert wie ein Kompass: Es gibt ein Leben lang die Richtung an.

Ein solches individuell erarbeitetes Ziel könnte in besagtem Weiterbildungs-Fall heißen: „Ich vertraue auf meine Intuition, das für mich Richtige zu lernen." Das fühlt sich ganz anders an als: „Für die nächsten drei Monate ziehe ich den MAS Business Intelligence durch." Denn das Ziel ist einzigartig, direkt mit Ihrer eigenen Identität verknüpft und bietet einen großen Freiraum an Umsetzungsmöglichkeiten – und das zeitlebens! Vom Besuch des besagten MAS-Kurses über das Ausloten von anderen Weiterbildungsmöglichkeiten, die vielleicht nicht unbedingt fachspezifisch sind, aber Sie in Ihrer persönlichen Weiterentwicklung unterstützen, bis hin zu mehr Selbstliebe, da Sie mit mehr Selbstfürsorge darauf achten, was für Sie gut und wichtig ist. Es ist die Haltung, die den Unterschied macht. Am Anfang müssen wir uns noch bewusst daran erinnern, später ist sie einfach eine innere Überzeugung, die zu mehr persönlicher Freiheit führt.

Schlechte Gefühle loslassen, sich durch Dankbarkeit innerlich festigen, gekonnt überzeugen und gleichzeitig Achtsamkeitsrituale in den Alltag einfließen lassen – das alles ist möglich, nur sollten Sie sich zu Anfang nicht zu viel vornehmen. Viele Absichten sind zu ambitioniert oder sogar unrealistisch. Oft fehlen zudem Alternativen, insbesondere wenn das neue Verhalten mit Verzicht einhergeht. Gehen Sie daher Schritt für Schritt vor. Widmen Sie sich erst einmal nur einer Sache und sobald Sie sich mit der neuen Verhaltensweise vertraut fühlen, können Sie den nächsten Schritt machen. Meistens reicht der Schwung von einigen wenigen Schritten aus, um dann den weiteren Weg kontinuierlich zu gehen.

> Ermöglichen Sie sich viele Erfolgserlebnisse, indem langsam und Schritt für Schritt vorgehen.

Die unbewussten Bedürfnisse analysieren

Warum setzen wir manche Ziele nicht um, obwohl wir es vom Verstand her wollen und wir wissen, dass sie gut für uns sind? Bei diesen Zielen und Absichten wurde das Unbewusste nicht mit in die Entscheidung einbezogen. Entscheiden wir nur mit dem Verstand und lassen das Unbewusste (das Bauchgefühl) außen vor, dann kann es passieren, dass wir unsere eigenen Pläne sabotieren. Der Geist ist willig, aber das Fleisch ist schwach! Es zerren zwei Kräfte an uns: Die eine will zu etwas hin, und die andere geht genau in die andere Richtung – bloß weg! Da das Unbewusste rund 80 Prozent unseres Geistes ausmacht, ahnen Sie, wer beim inneren Tauziehen meistens gewinnt.

Haben Sie das Unbewusste bei Ihrer Absichtserklärung übergangen, meldet es sich zu Wort: „Mag ich das? Macht mir das Spaß?" Und falls es das verneint, dann sitzen Sie trotz Ihrer festen Absicht, künftig auf die Kalorien zu achten, doch wieder vor einem saftigen Stück Käsekuchen. Wichtig ist also, das Unbewusste miteinzubeziehen. Doch wie kommen Sie an die Informationen des Unbewussten heran?

> Wenn Sie Ihre unbewussten Bedürfnisse kennen und Ihren Verstand mit Ihrem Unbewussten synchronisieren, können Sie viel erreichen.

Unbewusstes Wissen anzapfen

Das Unbewusste wird auch als emotionales Erfahrungsgedächtnis bezeichnet. In der Hirnforschung geht man davon aus, dass dieses Gefühlsgedächtnis ab der fünften Embryonalwoche einsatzbereit ist und dann schon anfängt, Erfahrungen zu sammeln und diese Erfahrungen mit Bewertungsmarkierungen zu versehen – nämlich „mag ich" und „mag ich nicht". Dieser Prozess hört zeitlebens nie auf. Je mehr im persönlichen Datenarchiv drin ist, desto leichter kann man daraus schöpfen und desto höher ist die Chance, dass man rein intuitiv für sich günstige Entscheidungen trifft. Deswegen ist es sehr wichtig, viele Erfahrungen zu sammeln – gute wie schlechte, bewusste wie unbewusste. Nur stehen uns diese ganzen Informationen nicht bewusst zur Verfügung.

Steht zum Beispiel eine Entscheidung an, läuft im Unbewussten alles in Windeseile ab. In Sekundenbruchteilen erzeugt das Gehirn viele unterschiedliche Vorstellungsbilder von möglichen Zukunftsszenarien. Diese Ideen laufen wie kurze Filme vor unserem inneren Auge ab und poppen blitzschnell fast gleichzeitig hoch. Sie bleiben jedoch unterhalb der Bewusstseinsschwelle. Zeitgleich werden diese Filme auch noch parallel mit ähnlichen Situationen aus dem Pool an Erfahrungen verglichen, die wir in unserem emotionalen Erfahrungsgedächtnis gesammelt haben. Findet sich etwas Vergleichbares, löst dies automatisch eine damit verbundene Bewertung aus. Diese nehmen wir als körperliches Signal wahr, zum Beispiel als flaues Gefühl im Magen, helle Weite im Kopf oder Übelkeit, als fest verwurzelter Stand, Spannungen oder ein Wärmegefühl im Bauch.

Somatische Marker – mehr als nur das Bauchgefühl

Diese Signale, die der Volksmund als Bauchgefühl kennt, werden somatische Marker genannt. Die somatischen Marker funktionieren wie eine Art inneres Ampelsystem und geben uns entweder grünes Licht oder sagen Stopp! Also entweder ja, nochmal machen oder nein, nicht wiederholen, bloß weg. Das muss nicht unbedingt logisch oder vernünftig sein.

Zu lernen, wie wir unsere somatischen Marker leichter wahrnehmen können, ist sehr einfach. Mit Praktiken wie Yoga, Wandern, Meditation, Tai-Chi und Qi Gong schulen Sie Ihre innere Wahrnehmung. Das geht schnell, manchmal braucht es nur eine Woche. Je öfter Sie das üben, umso sicherer werden Sie darin, die Sprache Ihres Unbewussten zu verstehen.

DAS UNBEWUSSTE SPRECHEN LASSEN

Im ZRM® arbeiten wir mit einer Bildkartei wie auch mit Wunschelementen, um die unbewussten Bedürfnisse zu erkunden. Durch das sogenannte Projektionsverfahren lassen wir zunächst das Unbewusste durch Bilder mit uns sprechen und übersetzen dann im Verlauf des Trainings oder Coachings diese Bildsprache in gesprochene Sprache, die auch für den Verstand greifbar ist. Dabei zählt das Bedürfnis des aktuellen Moments: Was hilft mir heute, mein Ziel zu erreichen? Wenn Sie erst einmal wissen, was das Unbewusste will (oder nicht will), dann folgen die nächsten Schritte fast automatisch und mit Leichtigkeit: Zieldefinition, Ressourcencheck, Handlungsoptionen in schwierigen Situationen usw.

Dies funktioniert auch, wenn Sie das Gefühl haben, Sie würden gerne etwas ändern, wissen aber nicht so recht, was das sein könnte. Die Erforschung des Unbewussten durch Bilder oder Wunschelemente hilft Ihnen herauszufinden, was Sie möchten.

Das Ziel formulieren

Im Zürcher Ressourcen Modell empfehlen wir, nicht mit Verhaltenszielen zu arbeiten, sondern sich zunächst ein Motto auszudenken. Aus diesem Motto-Ziel, das bildhaft die neue, gewünschte Haltung widerspiegelt, ergeben sich automatisch spezifische Verhaltensziele.

Innere Haltung schaffen durch ein Motto-Ziel

Im Gegensatz zu Ergebniszielen, die oftmals Frust erzeugen, zielen Motto-Ziele auf die innere Haltung ab und legen den Fokus auf das Hier und Jetzt. Wenngleich sie nicht konkret und spezifisch, sondern allgemein und bildhaft formuliert sind, mobilisieren sie mehr Motivation als Verhaltensziele, da sie emotional direkt an unser Innerstes andocken.

Klammern Sie sich also nicht krampfhaft an ein „Ich bleibe ruhig", wenn Sie auf Ihren Plagegeist treffen, sondern versetzen Sie sich mit einem Motto-Ziel, wie zum Beispiel „Ich genieße kraftvoll meine warme Sonnenenergie", in eine bessere Stimmung. Die fantasievolle Bildsprache lässt Ihr Unbewusstes „Ja, mag ich" frohlocken, wodurch Sie sich entspannt überlegen können, wie Sie Ihr Ziel erreichen: Wie schaffe ich es, dass meine Sonnenenergie warm strahlt? Wie stelle ich sicher, dass ich meine Kraft genieße? Die Ideen, die Sie hier entwickeln, führen Sie weit weg von Ohnmacht oder dem Drang, ihrem Plagegeist mit schlagfertigen Gegenangriffen zu antworten.

Ein Motto-Ziel kreieren

Die Entwicklung Ihres persönlichen Motto-Ziels beginnt mit der Suche nach einem Bild, das positive Gefühle in Ihnen auslöst und vom Unbewussten als Ressource empfunden wird. Im einem ZRM®-Workshop oder -Coaching wird dies das Bild sein, das Sie aus einer Bildkartei ausgewählt haben. Eine andere Möglichkeit, zu Ihrem Bild zu kommen, ist die sogenannte Wunschelement-Technik: Fragen Sie sich, welches Tier, welche Persönlichkeit oder welche Pflanze die positiven Eigenschaften in sich trägt, die Sie darin unterstützen würden ab sofort souverän mit schwierigen Situationen und nervigen Menschen umgehen zu können.

Wie wäre es mit einem Adler, der in ruhigen Kreisen über den Dingen schwebt? Mit Nelson Mandela, der trotz 27 Jahren Haft ein

Symbol für Versöhnung ist? Oder mit einer Lotusblume, auf deren schlankem, biegsamem Stängel eine imposante Blüte ruht? Als Wunschbild können Sie sich auch eine Landschaft vorstellen, ein Auto, eine Comic-Figur – Ihrer Fantasie sind keine Grenzen gesetzt. Selbstverständlich können Sie auch die Frage variieren: „Was unterstützt mich, sofort meine Achtsamkeitsübungen zu machen?", „Was hilft mir, auf meine Wortwahl zu achten?", „Was hilft mir, Angriffe von meinem Nachbarn nicht mehr persönlich zu nehmen?"

> Was macht Ihnen mehr Lust: „Ich ruhe im tiefen Blau" oder „Im Meeting rege ich mich nicht auf"?

Über die Bilder geben Sie Ihrem Unbewussten die Möglichkeit, sich Ihnen mitzuteilen und Sie bei Ihrem Vorhaben zu unterstützen. Entlocken Sie Ihrem Unbewussten ein „Mag ich!", sind Sie schon einen großen Schritt weiter in Ihrem Vorhaben. Und das funktioniert am besten über eine bildhafte Sprache.

Der Ideenkorb – was steckt alles in Ihrem Bild?

Haben Sie Ihr Bild gefunden, dann fragen Sie sich, was es Ihnen mitteilen möchte, welche Möglichkeiten darin stecken, die Ihnen helfen, Ihr Ziel zu erreichen. Welche positiven Assoziationen haben Sie dazu? Schreiben Sie Ihre Gedanken auf und fragen Sie auch Ihren Partner, Ihre Freundin, Ihre Bekannten oder wildfremde Leute, was ihm oder ihr Positives zu diesem Bild einfällt. So bekommen Sie eine Vielzahl an Ideen für Ihre Selbstreflexion.

Im ZRM® wurde hierfür ein Verfahren entwickelt: der Ideenkorb. Das ist sozusagen ein Gruppen-Brainstorming, bei dem Sie Ihre Perspektive durch die Ideen anderer erweitern. Wenn gerade niemand

greifbar ist, der Ideen beisteuern kann, können Sie das Verfahren auch alleine durchführen.
- Geben Sie die Bezeichnung des Bildes im Internet bei einer Suchmaschine ein und schauen Sie, welche Information dazu kommen.
- Geben Sie das Bild mit verschiedenen Wörtern bei openthesaurus.de ein und erfahren Sie, welche sprachlichen Alternativen es zu diesen Wörtern gibt.
- Befragen Sie den Duden und lesen Sie nach, wie die Wörter beschrieben werden.
- Posten Sie das Bild in sozialen Netzwerken und fragen Sie andere, was ihnen zu dem Bild einfällt.

Alle Meldungen sind erwünscht: Beobachtungen, Phantasien, Erinnerungen, Gerüche, Farben, Klänge, Gefühle usw. Es sollten möglichst alle Sinneskanäle angesprochen werden. Der Kreativität sind keine Grenzen gesetzt – die einzige Regel, die zu beachten ist, lautet: Alle Ideen sollen positiv sein.

Mit dem Ideenkorb können Sie sich über Ihr Ziel klarer werden und auch über Ihre Möglichkeiten, das Ziel zu erreichen.

Ihr persönliches Motto-Ziel

Wählen Sie dann Ihre Lieblingsidee aus und kreieren Sie daraus Ihr persönliches Motto-Ziel. Formulieren Sie das Ziel im Präsens und als erreichte Tatsache. Seien Sie dabei ruhig fantasievoll – unser Unbewusstes liebt eine bildhafte und metaphorische Sprache, wie zum Beispiel „Ich schüttle gelassen meine Löwenmähne", „Gut verwurzelt wende ich mich kunterbunt der Sonne zu", „Mein Indiana-Jones-Mut führt mich durch jedes Abenteuer."

Lassen Sie sich nicht davon verunsichern, dass Motto-Ziele wenig konkret klingen. Sobald Ihr Unbewusstes Ja sagt zu Ihrer gewünschten neuen Haltung, werden aus diesem bildhaften Ziel konkrete Ideen zur Umsetzung purzeln. Haben Sie Ihr Motto-Ziel erstellt, folgt die nächste Phase: Wie können Sie sich die neue Haltung so aneignen, dass sie Ihnen im wahrsten Sinne des Wortes in Fleisch und Blut übergeht?

Eingefahrene Automatismen stoppen und neue etablieren

Sie kennen sicherlich den Spruch „Was Fritzchen nicht lernt, lernt Fritz nimmermehr." Wir wissen heute, dass das nicht stimmt. Unser Gehirn kann seine Struktur verändern, und zwar bis ins hohe Alter! Man nennt diese Tatsache neuronale Plastizität. Für die Art und Weise, wie sich das Gehirn verändert, gilt: Je öfter ich etwas denke oder mache, desto stärker wird das entsprechende Netz an Nerven. Ist das Netzwerk gefestigt, laufen Handlungen quasi automatisiert ab. Mit diesem Wissen im Gepäck können Sie neue, erwünschte Verhaltensmuster erlernen sowie alte, unerwünschte ablegen.

Möchten Sie sich etwas Neues beibringen, ob Spanisch sprechen, Klavier spielen oder selbstbewusster auftreten, dann ist dieser Vorsatz aus der Sicht des Gehirns ein neues neuronales Netz. Zu Anfang wird es so sein, dass dieses neue Netz noch nicht ganz so zuverlässig arbeitet. Zum einen sind die Nervenverbindungen noch „frisch", zum anderen muss es gegen alte, eingefleischte Nervenverbindungen ankämpfen. Das neue neuronale Netz muss also möglichst oft benutzt werden, sodass in

> Pflegen Sie Ihre neue Haltung, damit sie zum Automatismus werden kann.

recht kurzer Zeit gewünschte Verhaltensweisen zuverlässig und automatisch ablaufen. Hierfür stellt das Zürcher Ressourcen Modell verschiedene Methoden zur Verfügung.

Mit Erinnerungshilfen die neue Haltung unterstützen

Mit Erinnerungshilfen aktivieren Sie zuverlässig bewusst und auch unbewusst das neue neuronale Netz Ihres Motto-Ziels. Hierfür suchen Sie sich Gegenstände aus dem Alltag, die zu Ihrem Motto-Ziel passen, und platzieren diese an gut sichtbaren Stellen. Lassen Sie sich von dem folgenden Beispiel inspirieren.

Thema: Ich möchte gelassen reagieren und bei mir bleiben, wenn ich auf nervige Leute treffe, die mich manipulieren und ausnutzen wollen.

Wunsch-Bild: ein Bär

Motto-Ziel: Ich bin bärenstark!

Erinnerungshilfen:
- Magnete mit Bär-Motiven an der Kühlschranktür
- Einen Miniatur-Bären aus dem Spielzeugladen neben den Monitor stellen
- Ein schönes Bild von einem Bären als Hintergrundbild auf das Handy laden
- In der regelmäßigen Nachmittagspause um 16 Uhr Bärentatzen-Plätzchen essen
- Einen Schlüsselanhänger mit einem Bären dran besorgen
- Das Dschungelbuchlied von Balu dem Bären als Klingelton auf das Handy laden

- Eine Fußmatte mit Bärenmotiv vor die Wohnungstür legen
- Fotos von Bären-Motiven im Alltag machen und ein persönliches Bären-Fotoalbum zusammenstellen

Der Arbeit mit den Erinnerungshilfen liegt die Idee zugrunde, dass sich jeder Organismus in einer Umgebung bewegt, die ihrerseits einen Aufforderungscharakter für bestimmtes Verhalten hat. In Ihrem Fall eine Aufforderung für Ihre gewünschte neue Haltung mit den entsprechenden Verhaltensweisen.

> Der Einsatz von Erinnerungshilfen ist mit der effektivste Weg, eine gewünschte Haltung aufzubauen und zu stärken.

Was passiert aber, wenn Sie sich an die Erinnerungshilfe derart gewöhnt haben, dass Sie sie gar nicht mehr sehen? Müssen Sie sie dann austauschen? Nein! Denn sie wirken weiter: unbewusst, sofort und für immer und ewig.

Einmal installiert, wirken die Erinnerungshilfen ewig und aktivieren Ihr neues neuronales Netz wie im Schlaf. Je mehr Erinnerungshilfen Sie nutzen, desto schneller und einfacher werden Sie in der Lage sein, Ihr Haltungsziel zu aktivieren. Hier einige Tipps, wie Sie Erinnerungshilfen effizient nutzen:

- Nutzen Sie Dinge, die Sie irgendwo fest (stationär) installieren, und andere, die Sie bei sich tragen und mitnehmen können (mobil).
- Starten Sie mit jeweils fünf stationären und fünf mobilen Erinnerungshilfen.
- Nutzen Sie lieber neue Gegenstände als etwas, an dem schon eine Bedeutung haftet.
- Achten Sie darauf, dass der Gegenstand gute Gefühle in Ihnen hervorruft.
- Entfernen Sie gegebenenfalls Dinge, die in Ihnen negative Gefühle hervorrufen.

- Nutzen Sie umso mehr Erinnerungshilfen, je schwieriger die Situation ist.
- Platzieren Sie die Gegenstände strategisch – am besten dort, wo Sie sich häufig aufhalten (Küche, Bad, Arbeitsplatz).

Holen Sie sich beim Lernen Unterstützung von Ihrem Körper

Der Körper prägt unsere Handlungen, unsere Gefühle und unser Denken und umgekehrt. Schon kleinste Sinnesreize haben Auswirkungen auf die Gemütslage: Wer etwas Warmes in der Hand hält, ist freundlicher zu seinen Mitmenschen. Dieses Wissen um die Wechselwirkung zwischen Körper und Geist ermöglicht es uns, bewusst Einfluss auf unsere Stimmung und unsere Wahrnehmung zu nehmen. Ihr Kopf ist voll, die Gedanken kreisen, alles fühlt sich schwer an, Sie stecken fest? Stehen Sie auf, gehen Sie ein paar Schritte, am besten im Grünen. Schon fühlen Sie sich leichter, die körperliche Bewegung hat auch das Denken wieder in Gang gesetzt.

Im Zürcher Ressourcen Modell gilt alles als Ressource, was Sie in Ihrem Vorhaben unterstützt: Ihr Bild, Ihr Motto-Ziel, Ihre Erinnerungshilfen und die Arbeit mit Ihrem Körper. Ihre Körperhaltung wirkt sich auf Ihre Wahrnehmung, auf Ihre Stimmung und auf Ihr Verhalten aus. Stellen Sie sich aufrecht hin, strecken Sie die Wirbelsäule, heben Sie den Brustkorb an. Ihre Füße befinden sich in leichter V-Stellung, die Knie sind entspannt und befinden sich idealerweise exakt über dem Sprunggelenk. Ihr Blick ist nach vorne gerichtet. Und jetzt stellen Sie sich vor, Sie sind todtraurig und alles ist einfach nur großer Mist. Ich wette, dass

> Stehen Sie aufrecht, dann können die Widrigkeiten des Lebens Sie nicht so einfach umwerfen.

Ihnen das sehr schwerfällt. Irgendetwas in Ihnen wird gegen diese Gedanken rebellieren. Körper und Geist sind aufrecht – da haut einen so schnell nichts um. Wenn Sie hingegen mit hängenden Schultern und gebeugtem Rücken dastehen oder auf dem Stuhl sitzen, geht auch die Stimmung in den Keller und alle Kraft löst sich auf.

Körper und Emotion bewusst koppeln

Wie können wir dieses Wissen um die Wechselwirkung zwischen Körper und Geist für den Umgang mit schwierigen Menschen nutzen? Unser Anliegen ist es, dass wir zum einen künftige Zusammentreffen mit Cholerikern, Nervensägen und Heulsusen souverän bestehen. Zum anderen, dass wir uns schnell erholen und zu unserer Kraft zurückkehren.

Tatsächlich können Sie durch eine ausgewählte Körperhaltung oder Geste ganz bewusst eine gewünschte Geisteshaltung oder Emotion hervorrufen.

Wie wollen Sie sich fühlen?

Zunächst müssen Sie sich darüber klarwerden, was Sie wollen. Haben Sie eine spezielle Situation vor Ihrem inneren Auge, helfen diese beiden Fragen: „Wie habe ich mich bisher in dieser oder in einer ähnlichen Situation gefühlt?" und: „Wie möchte ich mich künftig in der Situation fühlen?" Hören Sie gut in sich hinein – worum geht es Ihnen genau? Möchten Sie zum Beispiel im Team-Meeting Ihren Vorschlag selbstbewusst präsentieren, haben aber Zweifel oder Angst, so hilft es, genau nachzufühlen, was Sie brauchen: mehr Mut, mehr Vertrauen, mehr innere Ruhe? Es macht einen Unterschied, ob Sie sich sagen: „Ich bin mutig", „Ich vertraue meinen Fähigkeiten" oder „Ich bin innerlich gefestigt." Formulieren Sie Ihren Wunsch als erreichte Tatsache und positiv.

Welches Bild passt zu dem gewünschten Gefühl?

Gibt es eine Figur, eine Pflanze, ein Tier, eine Persönlichkeit – etwas, das genau die Attribute verkörpert, die das Gefühl, das Sie sich wünschen, verkörpert? Ein Löwe steht vielleicht für Mut, eine Eiche für Gelassenheit, Julia Roberts für Heiterkeit. Hier sind der Fantasie keine Grenzen gesetzt, alles ist möglich. Jeder muss für sich das passende innere Bild finden. Für den einen verkörpert eine Lotusblume inneren Frieden, für den anderen ist das ein Leuchtturm in der wogenden Brandung und für den nächsten eine besondere Wolkenformation.

Planen Sie den ersten Versuch

Es gilt nun, mit diesem Bild die Situation zunächst im persönlichen Kopfkino zu bestehen. Wählen Sie eine Situation von mittlerem Schwierigkeitsgrad aus, in der Sie sehr große Chancen haben, dass es funktioniert. Sobald Sie die Situation erfolgreich meistern, wird Dopamin ausgeschüttet, was das neue neuronale Netz stärkt – denn neurobiologisch gesehen ist Ihr Wunsch nichts anderes. Für das Gehirn macht es zudem keinen Unterschied, ob Sie sich die Situation vorstellen oder sie tatsächlich erleben.

Sagen wir, Sie sind eine ängstliche Person, die mit Löwenmut innerlich gefestigt auf ihre Kompetenzen vertraut. Mit diesem inneren Bild, das Ihr Wunschgefühl verkörpert, überlegen Sie sich eine kleine, unauffällige Bewegung, zum Beispiel ein leises Fingerschnipsen mit beiden Händen, die Sie üben – sowohl in Wirklichkeit als auch im Kopf. Dabei stellen Sie sich Situationen vor, in denen Sie die neue Haltung ausprobieren möchten. Wenn das einige Male geklappt hat, setzen Sie Ihr Wissen in die Praxis um. Zum Beispiel gegenüber einer unangenehmen Kollegin, die Sie wegen ihrer abfälligen Kommentare nervt. Etwas später dann auch im Team-Meeting, wenn Sie Ihr Projekt präsentieren.

Üben, üben, üben!

Jeder Veränderung und jedes neue Verhalten braucht Geduld und Zeit. Wir lernen auch nicht innerhalb von wenigen Stunden, Klavier zu spielen. Gleiches gilt für Fremdsprachen oder Sportarten. Damit die neue Haltung in Fleisch und Blut übergeht, sollten Sie daher jede Gelegenheit zum Üben nutzen. Am Anfang ist es noch etwas ungewohnt, aber mit der Zeit automatisiert sich das Gefühl und das gewünschte Verhalten läuft ab, ohne dass Sie darüber nachdenken müssen.

Neues Verhalten planen – Wenn-Dann-Pläne

Um unser neues Verhalten konkret zu planen, bieten sich insbesondere Wenn-Dann-Pläne an. Denn diese bereiten uns darauf vor, auch in schwierigen und unerwarteten Situationen zielgerichtet und erfolgreich handeln zu können.

Wenn-Dann-Pläne können eingesetzt werden, um unerwünschte Automatismen zu stoppen, aber auch um neue, gewünschte Routinen zu erlernen. Sie erzeugen Sofort-Automatismen, indem sie unserem Unbewussten eine klare Verbindung von einem Auslöser zu einem Verhalten geben. Sie unterstützen uns dabei, kritische Situationen schneller zu erkennen, sich schneller an das gewünschte Verhalten zu erinnern und unmittelbar so zu handeln wie geplant – ohne lange überlegen zu müssen. Die sprachliche Form „Wenn-Dann" kann dabei vom Unbewussten besonders leicht verarbeitet werden.

Wenn-Dann-Pläne formulieren

Überlegen Sie zunächst konkret, wann, wo und wie Sie Ihr (Motto-)Ziel umsetzen möchten. Steht eine Familienfeier an, zu der auch Onkel Ernst kommt, der Sie mit seinen übergriffigen Besserwisser-Monologen zur Weißglut treibt, können Sie sich mit einem Wenn-Dann-Plan überlegen, was Sie tun werden, wenn er anfängt, Sie mit blöden Kommentaren zu provozieren. Vielleicht haben Sie zuvor die Übungen im letzten Kapitel gemacht und sich überlegt, ab sofort generell gelassen-heiter auf beleidigende Kommentare zu reagieren. Auf keinen Fall mehr ohnmächtig oder aufbrausend.

> Wenn-Dann-Pläne verknüpfen eine bestimmte Situation mit einer bestimmten Handlung.

Möglicherweise ist Ihnen dabei als Wunschbild Mary Poppins eingefallen, die immer freundlich-souverän war, egal wie ungezogen sich die Kinder verhielten. Wie schön wäre es, genauso gut gelaunt auf übergriffige Bemerkungen zu reagieren und dadurch die Situation sogar zu Ihren Gunsten zu verändern. Möglicherweise haben Sie sich als Körperübung das Öffnen eines imaginären Mary-Poppins-Schirms vorgestellt. Immer, wenn Sie in Situationen mit schwierigen Menschen geraten und merken, dass Sie in alte Muster fallen, dann öffnen Sie diesen Schirm – gedanklich oder real. Voilà, schon haben Sie einen Wenn-Dann-Plan, der Sie in Ihrem Vorhaben unterstützt.

Das Ganze funktioniert natürlich auch ohne Motto-Ziel. Wichtig ist dennoch, dass Sie sich im Klaren sind, was genau Sie wollen, und bei der Formulierung des Wenn-Dann-Plans möglichst genau das Wenn spezifizieren. Dem Unbewussten muss absolut klar sein, wann es mit dem Dann starten soll. Es gibt zwei Arten von Wenn: Ein inneres Wenn drückt meine Wut, meine Unlust, mein ungutes Gefühl aus; ein äußeres Wenn ist objektiv, zum Beispiel der Zug hat Verspätung, mein Gegenüber flucht, ein Kunde reklamiert. Überlegen Sie genau, welche Art in Ihrer Situation passt.

Sobald das Wenn genau definiert ist, wird das Dann formuliert. Es muss ein präzises Verhalten nennen, damit das Unbewusste weiß, was zu tun ist.

Was nicht funktionieren wird, ist ein Wenn-Dann-Plan wie dieser: „Wenn ich alles erledigt habe, dann ruhe ich mich aus." Wann habe ich alles erledigt? Woran soll mein Unbewusstes merken, wann dieser Zeitpunkt erreicht ist? Und wie genau ruhe ich mich am liebsten aus? Dieser unkonkrete Wenn-Dann-Plan ist zum Scheitern verurteilt. Seien Sie also so präzise wie möglich.

Überlegen Sie also, was Sie wollen, dann schreiben Sie Ihren Wenn-Dann-Plan auf.

Wenn-Dann-Pläne einsetzen

Starten Sie mit höchstens zwei Wenn-Dann-Plänen. Sobald Sie sich sicher sind, dass sie in Fleisch und Blut übergangen sind, können Sie mit dem nächsten Wenn-Dann-Plan starten. Aber übernehmen Sie sich dabei nicht. Damit es gelingt, soll das Ganze auch Spaß machen und nicht in Stress ausarten.

Hier gebe ich Ihnen ein paar Beispiele für funktionierende Wenn-Dann-Pläne.

„Wenn ich meine Wut spüre, dann lutsche ich erst einmal ein Ingwerbonbon" (statt: „Ich sage nichts Unüberlegtes mehr").

„Wenn mich Frau Klein anschnauzt, dann stelle ich sie mir mit einer roten Clownsnase vor" (statt: „Ich lass mich nicht mehr von Frau Klein provozieren").

„Wenn mich jemand persönlich angreift, dann sage ich Stopp und atme tief durch" (statt: „Ich bleibe ruhig, egal wie sich andere benehmen").

In Verbindung mit einem motivierenden Motto-Ziel und einer entsprechenden Erinnerungshilfe erhöht sich die Wahrscheinlichkeit einer erfolgreichen Automatisierung um ein Vielfaches:

„Wenn ich den ersten blöden Kommentar von Onkel Ernst höre, dann öffne ich meinen inneren Mary-Poppins-Schirm, sage mir ‚Ich bin superkalifragilistischexpialogorisch' und dränge ihm etwas zu essen auf (um ihn den Mund zu stopfen)" (statt: „Ich lasse mich nicht mehr von dem provozieren").

„Wenn ich vor dem Treffen mit meiner cholerischen Chefin Angst spüre, esse ich ein Gummibärchen (und erinnere mich an meine Bärenstärke)" (statt: „Ich werde nicht schon vor dem Treffen ohnmächtig vor Angst und Wut sein").

„Wenn mich in der Mitgliederversammlung meines Vereins der Mut verlässt, etwas zu sagen, dann fasse ich mein Halstuch mit Tigermuster an (und erinnere mich an meinen Tigermut)" (statt: „Diesmal werde ich meine Argumente selbstbewusst vertreten").

„Wenn der CEO wieder mit seinen Besserwisser-Monologen beginnt, dann bin ich im tiefen Blau und stelle mir das Meeresrauschen vor" (statt: „Ich muss da irgendwie durch").

WERDEN SIE ZUM GESTALTER IHRES LEBENS!

In diesem Buch habe ich dargelegt, was meiner Erfahrung nach im Umgang mit schwierigen Menschen funktioniert: Das Einfachste und zudem Effizienteste ist, sich selbst zu stärken, allem voran Ihre Lebensfreude und Zufriedenheit. Warum? Die meiste Zeit verbringen wir mit uns selbst. Da sollten wir uns mit uns wohlfühlen. Ganz abgesehen davon, dass zufriedene Menschen ihr Leben selbst gestalten, denn sie wissen, was sie wollen und was ihre Prioritäten sind. Sie treffen Entscheidungen und werden nicht zu Opfern der Verhältnisse.

Es gibt viele Glücksgefühle, die uns dauerhaft zufrieden machen, wie etwa Dankbarkeit, Empathie, Heiterkeit, Humor, Neugier oder die Fähigkeit zum Genuss. Es lohnt sich nach diesen zu streben, denn Sie profitieren mehrfach davon: Sie wissen sich gegen übergriffige Menschen souverän zu wehren, Sie erhöhen Ihre Chance auf ein gutes, gelingendes Leben und andere dürfen sich über das freundliche und warme Licht erfreuen, das von Ihnen ausgeht.

Lebenslange Herausforderung und Chance

Der Umgang mit schwierigen Menschen ist eine lebenslange Herausforderung. Vor ihnen wegzurennen, ist keine Lösung, denn die

Quälgeister holen uns mit Sicherheit ein. To-do-Listen mit Vergeltungsschlägen oder Gegenangriffsplänen funktionieren ebenfalls nicht. Zum einen ist die Chance hoch, dass sich die Situation dadurch verschlechtert, zum anderen setzen Sie sich damit eher unter Druck, wenn Sie immer möglichst wortgewandt und schlagfertig reagieren wollen. Ganz abgesehen davon, dass Sie sich am Ende möglicherweise genauso schäbig verhalten wie Ihr Plagegeist.

Besser wir nutzen die nervigen Menschen als Chance. Sie bringen uns dazu, mehr über uns selbst zu erfahren, in unserer Persönlichkeit zu reifen und unser Selbstwertgefühl zu steigern und damit unsere Lebensqualität zu verbessern.

Haben Sie Geduld mit sich

Die Perspektive zu wechseln, Umdenken oder neue Verhaltensweisen installieren, das funktioniert nicht auf Knopfdruck. All dies braucht Zeit und Geduld. Nehmen Sie sich daher zu Anfang lieber nicht allzu viel vor und setzen Sie Ihre Erwartungen nicht zu hoch. Ambitioniert zu sein ist in Ordnung, aber gehen Sie Schritt für Schritt langsam und kontinuierlich voran.

Denken Sie auch daran, dass es schwierig ist, auf die neuen Ressourcen zurückzugreifen, wenn Sie in einer schlechten Verfassung sind, zum Beispiel gestresst, wütend oder ängstlich. Es ist normal, dass man manchmal nicht so handelt, wie man es sich wünscht. Akzeptieren Sie Ihre negativen Gefühle und entspannen Sie sich. Wenn es Ihnen wieder gut geht, sind Sie auch in der Lage, Ihren persönlichen Ressourcen-Pool zu aktivieren.

Üben, üben, üben!

Neuronales Wachstum erfolgt nur, wenn Sie das neue Netzwerk häufig und erfolgreich anwenden. Je öfter Sie die von Ihnen favorisierten Instrumente und Methoden anwenden, desto schneller werden die neuen neuronalen Verbindungen aufgebaut und gestärkt. Irgendwann gehen die neuen Verhaltensweisen im wahrsten Sinn des Wortes in Fleisch und Blut über und laufen automatisch ab. Ganz ohne dass Sie sich aktiv daran erinnern müssen, werden Sie dann in schwierigen Situationen mit komplizierten Menschen genauso integer und souverän reagieren, wie Sie es sich wünschen.

Nicht zuletzt müssen Sie manchmal einfach akzeptieren, dass die Situation schwierig bleiben wird.

Ich wünsche Ihnen sehr, dass Sie Regisseur Ihres Lebens werden. Gestalten Sie Ihr Leben nach Ihren Werten, Bedürfnissen und Wünschen!

Ein gutes Gelingen wünscht Ihnen von ganzem Herzen

Ihre Silke Weinig

DANKSAGUNG

Ich danke Katja-Maria Koschate, Lektorin humboldt Ratgeber, die den Stein ins Rollen gebracht hat, darüber zu schreiben, was im Umgang mit schwierigen Menschen hilft. Ein sehr facettenreiches Thema, das einen nicht nur dazu bringt, über andere und deren Verhalten nachzudenken, sondern vor allem dazu einlädt, über sich selbst, die eigenen Wünsche, Werte und Prioritäten zu reflektieren. Ein Prozess, der zeitlebens anhält, nie langweilig ist und einen glücklicherweise immer ein Stückchen weiterbringt.

Ein großes Dankeschön auch an meine Lektorin Annette Gillich-Beltz, die feinfühlig und gekonnt den Überblick bewahrt und das Beste aus meinem Manuskript rausgeholt hat.

Ich danke zudem meiner Familie, allen voran meinen Eltern, die mich immer tatkräftig unterstützen. Ohne sie wäre ich heute nicht dort, wo ich bin.

Am allermeisten danke ich meinen Mann, Lawrence Romero, der mir zum einen immer wieder ein exzellenter Gesprächs- und guter Sparringpartner ist. Und zum anderen mir fortwährend den Rücken gestärkt und Freiräume ermöglicht hat, in denen ich mich ganz den Inhalten des Buches widmen konnte.

LESETIPPS UND QUELLEN

Buchempfehlungen zum Weiterlesen

Alter, U. (2014): Verhandeln als Kommunikationskompetenz: Grundlagen für erfolgreiches Verhandeln in Führung, Betrieb und Alltag. Springer, Berlin

Berckhan, B. (2008): Judo mit Worten. Kösel, München

Dutton, K. (2016): Gehirngeflüster. 5. Auflage, dtv, München

Kabat-Zinn, J. (1990): Gesund durch Meditation. Knaur, München

Renn, K. (2017): Dein Körper sagt dir, wer du werden kannst. Focusing – Weg der inneren Achtsamkeit. Herder, Freiburg im Breisgau

Schulz von Thun, Friedemann (2010): Miteinander reden, Störungen und Klärungen. Rowohlt, Reinbek

Schwarz, G. (2009): Konfliktmanagement. 9. Auflage, Gabler, Wiesbaden

Shaw, J. (2016): Das trügerische Gedächtnis – Wie unser Gehirn Erinnerungen fälscht. Carl Hanser, München

Storch, M., Krause, F. (2017): Selbstmanagement – ressourcenorientiert: Grundlagen und Trainingsmanual für die Arbeit mit dem Zürcher Ressourcen Modell (ZRM). 6. überarb. Auflage, Huber, Bern

Storch, M. (2011): Das Geheimnis kluger Entscheidungen. Huber, Bern

Storch, M., Cantieni, B., Hüther, G., Tschacher, W. (2010): Embodiment. Die Wechselwirkung von Körper und Psyche verstehen und nutzen. Huber, Bern

Storch, M. (2009): Machen Sie doch, was Sie wollen! Wie ein Strudelwurm den Weg zu Zufriedenheit und Freiheit zeigt. Huber, Bern

Empfehlenswerte Artikel

Heidenreich, T., Michalak, J. (2003): Achtsamkeit als Therapieprinzip in der Verhaltenstherapie und Verhaltensmedizin. Verhaltenstherapie, 13, 264–274

Huppertz, M. (2006): Achtsamkeit in der Dialektisch-Behavioralen Therapie (DBT). Zeitschrift für Psychiatrie, Psychologie und Psychotherapie, 54 (4), 255–264

Nuber, U. (2012): Keine Kraft mehr? Vielleicht bilden Sie sich das nur ein! Psychologie heute, 2, 26–27

Saum-Aldehoff, T. (2015): Wo der Ärger lauert. Psychologie heute, 12, 34–35

Storch, M. (2010): Die Macht des Körpers. Psychologie heute Compact, 26, 59–63

Interessante Links

www.ismz.ch – Informationen zum Zürcher Ressourcen Modell
www.NARP.com – bei Missbrauch durch Narzissten
www.psytests.de – kostenlose Persönlichkeitstests von PSYTEST, einem Institut der Universität Göttingen
www.zrm.ch – Informationen zum Zürcher Ressourcen Modell
www.charakterstaerken.org – kostenlose Persönlichkeitstests von der Abteilung Persönlichkeitspsychologie und Diagnostik des Psychologischen Instituts der Universität Zürich

Ich mach mir die Welt, wie sie mir gefällt ...

- **Topthema:** Endlich selbstbestimmt leben – nie mehr alles recht machen
- **Praktisch und kompetent:** Benita Feller ist Heilpraktikerin für Psychotherapie und erzählt authentische Geschichten aus ihrer Praxis
- **Die Autorin** hat eine eigene Technik, die Blasentechnik, entwickelt, die einfach und effektiv hilft

Benita Feller & Michael Brepohl
Lebe lieber selbstbestimmt
224 Seiten, 14,5 x 21,5 cm, Softcover
ISBN 978-3-86910-411-9
€ 19,99 [D] / € 20,60 [A]

Der Ratgeber ist auch als eBook erhältlich.

Stress lass nach!

- Modernes Stress-Management: zahlreiche Übungen für den Alltag, ohne zusätzlichen Zeitaufwand
- wingwave®: die bewährte und erprobte Erfolgsmethode für mehr Energie und Gelassenheit
- Stress-Auslöser erkennen, Auswirkungen spürbar reduzieren

Cora Besser-Siegmund, Lola-Ananda Siegmund
Work-Health Balance
192 Seiten
14,5 x 21,5 cm, Softcover
ISBN 978-3-86910-515-4
€ 19,99 [D] / € 20,60 [A]

Der Ratgeber ist auch als eBook erhältlich.

Stand 2019. Änderungen vorbehalten.

humboldt
...bringt es auf den Punkt.

Impressum

Bibliografische Information der Deutschen Nationalbibliothek
Die Deutsche Nationalbibliothek verzeichnet diese Publikation in der Deutschen Nationalbibliografie; detaillierte bibliografische Daten sind im Internet über http://dnb.ddb.de abrufbar.

ISBN 978-3-86910-111-8 (Print)
ISBN 978-3-86910-112-5 (PDF)
ISBN 978-3-86910-113-2 (EPUB)

Originalausgabe

© 2019 humboldt
Eine Marke der Schlüterschen Verlagsgesellschaft mbH & Co. KG,
Hans-Böckler-Allee 7, 30173 Hannover
www.schluetersche.de
www.humboldt.de

Autorin und Verlag haben dieses Buch sorgfältig erstellt und geprüft. Für eventuelle Fehler kann dennoch keine Gewähr übernommen werden. Weder die Autorin noch der Verlag können für eventuelle Nachteile oder Schäden, die aus den im Buch vorgestellten praktischen Hinweisen resultieren, eine Haftung übernehmen.

Alle Rechte vorbehalten. Das Werk ist urheberrechtlich geschützt. Jede Verwertung außerhalb der gesetzlich geregelten Fälle muss vom Verlag schriftlich genehmigt werden.

Lektorat: Annette Gillich-Beltz, Essen
Covergestaltung: ZERO Werbeagentur, München
Covermotiv: shutterstock
Satz: PER MEDIEN & MARKETING GmbH, Braunschweig
Druck und Bindung: gutenberg beuys feindruckerei GmbH, Langenhagen